Frontiers of the Roman Empire
Frontières de l´Empire Romain

David J. Breeze

The Roman Frontier in Egypt
La frontière romaine en Égypte

Michel Reddé

ARCHAEOPRESS ARCHAEOLOGY

*This publication is funded by a grant from **Richard Beleson** in memory of his brother, **Robert Beleson***

The authors / Les auteurs

Professor David J. Breeze has published several books on Roman frontiers and the Roman army.
He is a former chairman of the International Congress of Roman Frontier Studies and led the team which successfully nominated the Antonine Wall as a World Heritage Site

Le Professeur David J. Breeze a publié plusieurs livres sur les frontières et l'armée romaines.
Il est ancien président du Congrès International d'Études sur les Frontières Romaines et il a dirigé l'équipe qui a réussi à faire inscrire le mur d'Antonin au patrimoine mondial

Michel Reddé is a professor emeritus at the School for Advanced Studies at the Paris Sciences et Lettres University. He has directed or collaborated on several archaeological sites in Egypt and in France (Alésia).
He has been director of the European project on studying north-east Roman Gaul

Michel Reddé est professeur (ém.) à l'École pratique des Hautes Études/Université de Paris Sciences et Lettres. Il a dirigé ou collaboré à de nombreux chantiers archéologiques en Égypte et en France (Alésia). Il a été directeur du projet ERC Rurland

CONTENTS

FRONTIERS OF THE ROMAN EMPIRE

SOMMAIRE

FRONTIÈRES DE L'EMPIRE ROMAIN

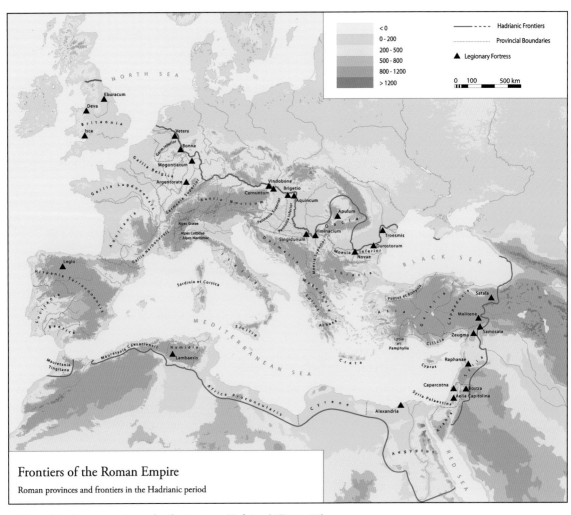

Frontiers of the Roman Empire
Roman provinces and frontiers in the Hadrianic period

1. Map of the Roman empire under the Emperor Hadrian (AD 117–138)

Carte de l'empire romain sous l'empereur Hadrien (117–138 ap. J.-C.)

Foreword

The frontiers of the Roman empire together form the largest monument of one of the world's greatest states. They stretch for some 7,500 km through 20 countries which encircle the Mediterranean Sea. The remains of these frontiers have been studied by visitors and later by archaeologists for several centuries. Many of the inscriptions and sculpture, weapons, pottery and artefacts created and used by the soldiers and civilians who lived on the frontier can be seen in museums. Equally evocative of the lost might of Rome are the physical remains of the frontiers themselves. The aim of this series of books is not only to inform the interested visitor about the history of the frontiers but to act as a guide-book as well.

The Roman military remains of Egypt are remarkable in their variety and in their state of preservation. They deserve to be better known. They include forts, quarries under the authority of the army and whose materials were used in the monumental buildings of Rome, as well as the roads which crossed the desert landscape and brought the Mediterannean into contact with the Indian Ocean. We hope each reader of this book will enjoy learning more about the remarkable Roman inheritance of Egypt.

Avant-propos

Prises ensemble, les frontières de l'Empire romain constituent le monument le plus important de ce qui fut l'un des plus grands États du monde. Elles s'étendent sur environ 7.500 km à travers une vingtaine de pays autour de la Méditerranée. Depuis plusieurs siècles, les vestiges de ces frontières ont fait l'objet d'études par des curieux puis plus tardivement par des archéologues. Bon nombre des inscriptions, sculptures, armes, poteries et autres objets créés et utilisés par les militaires et les civils qui peuplaient ces frontières sont visibles dans les musées. Mais les vestiges physiques de ses frontières sont tout aussi évocateurs de la puissance que fut Rome. La présente séries de livres est conçue non seulement pour informer le visiteur curieux de l'histoire des frontières mais également pour servir de guide sur le terrain.

Les vestiges militaires romains en Égypte sont remarquables tant par leur diversité que par leur état de conservation : ils méritent d'être mieux connus. On y dénombre des forts, des carrières exploitées sous l'autorité des militaires et dont les matériaux ont servi aux constructions monumentales de Rome, ainsi que des pistes qui traversent des paysages désertiques et mettaient la Méditerranée en relation avec l'Océan Indien. Nous espérons que le lecteur prendra plaisir à en apprendre davantage sur l'étonnant héritage romain en Égypte.

David J. Breeze

Michel Reddé

2. The military fortification at Umm Balad (Egypt), dating to the end of the 1st century AD

La fortification militaire de Umm Balad (Égypte), datant de la fin du 1er siècle après J.-C.

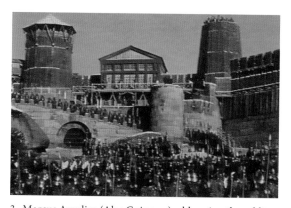

3. Marcus Aurelius (Alec Guinness) addressing the soldiers in Anthony Mann's "The Fall of the Roman Empire" (1964)

Marc Aurèle (Alec Guinness), prononçant une allocution devant les soldats dans « La Chute de l'Empire romain » d'Anthony Mann (1964)

4. The walls of Constantinople (Turkey). It was in 1453 that they fell to the Turks and the Roman empire came to an end

Les murs de Constantinople (Turquie). En 1453 ils furent pris par les Turcs et ce fut la fin de l'empire romain

FRONTIERS OF THE ROMAN EMPIRE

Common cultural heritage of the Roman empire

Roman frontiers are part of a common heritage of the countries circling the Mediterranean Sea. Successive generations have built on that heritage and modified it thus helping to create our modern world. Today, our world appears to be diverse, divided by language, religion and traditions. Yet, our heritage is more common and interconnected than we sometimes appreciate. Much knowledge of the ancient world has come to us through the Arab world, the real inheritors of the late Roman empire.

How the Romans managed to rule their enormous empire with a relatively small professional army is a spectacular statement of power and a constant fascination. The Romans were not only experts in the use of power – and force – but also in portraying a strong image about theselves. Indeed, that image was so strong that it still excites our imagination today. Great literature and fantastic films demonstrate our continuing fascination with that image.

FRONTIÈRES DE L'EMPIRE ROMAIN

Le Patrimoine culturel commun de l'empire romain

Les frontières romaines font partie d'un patrimoine commun aux pays qui entourent la Méditerranée. Des générations successives ont construit sur ce patrimoine et l'ont modifié tout en contribuant ainsi à créer notre monde moderne. Aujourd'hui notre monde apparaît diversifié, partagé entre différentes langues, religions et traditions. Pourtant notre patrimoine est davantage un bien collectif que nous ne l'estimons parfois. Une grande partie de ce que nous savons du monde antique nous a été transmis par l'intermédiaire du monde arabe, le véritable héritier de l'empire romain tardif.

Que les Romains aient réussi à dominer leur énorme empire avec une armée de métier relativement petite, nous démontre d'une façon spectaculaire leur pouvoir et nous fascine toujours. Les Romains n'étaient pas seulement experts dans l'exercice du pouvoir – et de la force – ils se sont aussi créé une réputation de puissance. En fait, cette réputation était tellement forte qu'elle excite toujours notre imagination, aujourd'hui encore. La grande littérature et des films passionnants témoignent de cette continuelle fascination pour cette image.

5. Relief with soldiers wearing elephant helmets, Tell el-Herr (Egypt)

Relief avec soldats coiffés de casques d'éléphants, Tell el-Herr (Égypte)

8. Military documents of the Han period, 200 BC – AD 220 (China)

Documents militaires de la période Han, 200 av. – 220 ap. J.-C. (Chine)

6. The Arch of Severus in the Forum Romanum in Rome (Italy)

L'arc de Septime Sévère sur le Forum Romanum à Rome (Italie)

7. The Roman city of *Volubilis* (Morocco)

La ville romaine de *Volubilis* (Maroc)

The Roman empire

The Roman state, in one form or another, survived for over 2000 years. Its empire was one of the greatest states which the world has seen, close only to China in its size and longevity. Indeed, our knowledge of the administrative arrangements of the Chinese empire, which have survivedin better condition and more detail than those for the Roman empire, aids our understanding of the workings of Roman frontiers.

Many great monuments of the Roman empire are World Heritage Sites, including Rome itself, but also many of its important cities such as Mérida and Lugo (Spain), Orange and Arles (France), Split (Croatia), Istanbul (Turkey), Petra (Jordan), *Lepcis Magna* (Libya) and *Volubilis* (Morocco). Yet these most developed parts of the Roman world were protected and at the same time defined by frontiers. It was as if these frontiers were, as Aelius Aristides remarked in the 2nd century AD, "enclosing the civilised world in a ring". The frontiers did define the Roman empire and were essential for the stability and therefore economic growth of the interior: they allowed the cities of the empire to flourish. An essential part of the Roman genius was its ability to win the support of the people it conquered. It respected local traditions and ethnic characteristics, so long as the superior status of Rome was not challenged.

9. The Great Wall of China, World Heritage Site since 1987

La grande Muraille de Chine, site du patrimoine mondial depuis 1987

L'empire romain

L'État romain, sous une forme ou sous une autre, a survécu plus de 2000 ans. Son empire était un des états les plus grands que le monde ait connus, semblable uniquement à la Chine pour l'étendue et la longévité. Effectivement, notre connaissance des arrangements administratifs de l'empire Chinois, qui ont survécu dans une condition meilleure et de façon plus détaillée que ceux de l'empire romain, nous fait mieux comprendre la manière dont les frontières romaines fonctionnaient. Un grand nombre de monuments de l'empire romain sont des sites du patrimoine mondial, y compris Rome elle-même, mais aussi un grand nombre de ses villes importantes, comme Mérida et Lugo (Espagne), Orange et Arles (France), Split (Croatie), Istanbul (Turquie), Petra (Jordanie), *Lepcis Magna* (Libye) et *Volubilis* (Maroc). Mais ces parties les plus développées du monde romain étaient protégées et en même temps définies par des frontières. C'était comme si ces frontières « encerclaient le monde civilisé », comme l'a remarqué Aelius Aristide au IIe siècle ap. J.-C. Les frontières délimitaient effectivement l'empire romain et étaient essentielles pour la stabilité et, par là, pour l'évolution l'évolution économique à l'intérieur : elles faisaient que les villes de l'empire florissaient.

10. Tombstone of civilians from *Aquincum* (Hungary) wearing the local Pannonian dress

Pierre tombale de civils *d'Aquincum* (Hongrie), vêtus du costume local de Pannonie

It encouraged local self-government, merely placing on top the relatively small imperial administration. This imperial administration helped to hold the whole fabric of the empire together. Members of the aristocracy criss-crossed the empire from one appointment to another. The army brought a touch of Rome to the furthermost corners of the empire. More than that, it was a catalyst, helping to create a new frontier society.

Une partie essentielle du génie romain consistait en sa capacité de gagner le soutien de ceux qu'il soumettait. Il respectait les traditions locales et les caractéristiques ethniques, aussi longtemps que le statut supérieur de Rome n'était pas défié. Il encourageait l'autonomie locale, en mettanten place uniquement une administration impériale relativement peu nombreuse. Cette administration impériale aidait à tenir ensemble l'organisme de l'empire tout entier. Les membres de l'aristocratie remplissaient leurs charges en traversant l'empire d'un bout à l'autre. L'armée apportait une notion de Rome aux quatre coins de l'empire. En outre, c'était un catalyseur, aidant à créer une nouvelle couche sociale le long des frontières.

12. Artefacts from Berenice (Egypt): obverse and reverse of a silver coin of the Western Indian monarch Rudrasena III (AD 362)

Objets provenant de Bérénice (Égypte) : avers et revers d'une monnaie en argent du monarque de l'Inde occidentale Rudrasena III (362 ap. J.-C.)

11. The tombstone of Regina, wife of Barathes of Palmyra, from South Shields (UK). The inscription reads in Palmyrene: "Regina, the freedwoman of Barathes, alas"

Pierre tombale de Regina, épouse de Barathes de Palmyre, provenant de South Shields (Royaume-Uni), avec l'inscription en dialecte palmyrénien « Regina, affranchie de Barathes, hélas »

13. A graffito in Tamil-Brahmi on a Roman Dressel 2–4 amphora. The text mentions a man named Korra, a south Indian chieftain, from the mid-first century AD (Berenice, Egypt)

Graffito à Tamil-Brahmi sur une amphore romaine Dressel 2–4. Le texte mentionne un homme nommé Korra, un chef de l'Inde du Sud du milieu du Ier siècle ap. J.-C. (Bérénice, Égypte)

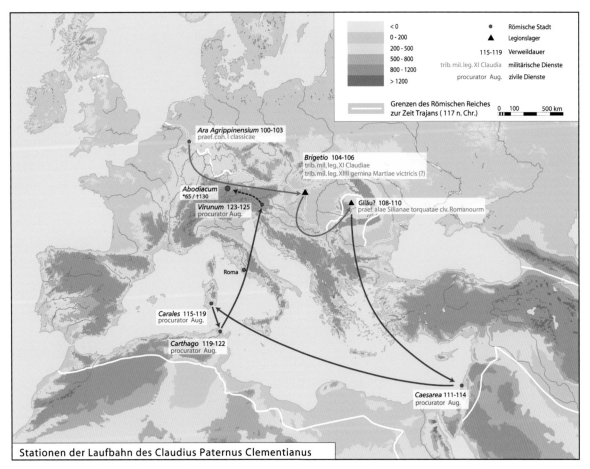

Stationen der Laufbahn des Claudius Paternus Clementianus

Ara Agrippinensium 100-103
praef. coh. I classicae

Brigetio 104-106
trib. mil. leg. XI Claudiae
trib. mil. leg. XIIII gemina Martiae victricis (?)

Abodiacum
*65 / †130

Virunum 123-125
procurator Aug.

Gilău? 108-110
praef. alae Silianae torquatae civ. Romanourm

Roma

Carales 115-119
procurator Aug.

Carthago 119-122
procurator Aug.

Caesarea 111-114
procurator Aug.

< 0
0 - 200
200 - 500
500 - 800
800 - 1200
> 1200

Römische Stadt
Legionslager
115-119 Verweildauer
trib. mil. leg. XI Claudia militärische Dienste
procurator Aug. zivile Dienste

Grenzen des Römischen Reiches
zur Zeit Trajans (117 n. Chr.)

0   100   500 km

14. Career-map of Claudius Paternus Clementianus, a senior officer, who made his way from the lower Rhine, to the Danube, to the Middle East, to Sardinia, Tunisia and finally Austria

Cursus honorum de Claudius Paternus Clementianus, officier de rang élevé, qui poursuivit sa carrière du Rhin inférieur vers le Danube, la Palestine, la Sardaigne, la Tunisie et jusqu'en Autriche

Frontiers and trade

Frontiers were the membrane through which Roman ideas as well as artefacts percolated into the outside world. Roman trade extended eastwards to India and beyond, southwards into the Sahara Desert and northwards to the shores of the Baltic Sea, and, in return, brought a vast range of goods and products into the empire. The museums of many countries beyond the empire contain Roman artefacts and hint at the extent of Roman influence.

Frontières et commerce

Les frontières étaient aussi la membrane à travers laquelle les idées romaines aussi bien que les objets artisanaux pénétraient dans le monde extérieur. Le commerce romain s'étendait vers l'est jusqu'en Inde et au-delà, au sud jusqu'au Sahara et au nord jusqu'aux bords de la mer Baltique. Il apportait en revanche à l'empire une offre considérable de marchandises et de produits. Les musées de maints pays au-delà de l'empire possèdent des objets de fabrication romaine et nous indiquent l'étendue de l'influence romaine.

15. Fragment of Chinese silk from Palmyra (Syria) with an inscription in Chinese characters

Fragment de soie chinoise de Palmyre (Syrie) avec inscription en caractères chinois

16. Finger ring with the depiction of a female bust from Aquileia (Italy) made of amber from the Baltic Sea region

Bague avec buste féminin provenant d'Aquilée (Italie), fabriqué en ambre jaune de la région de la Mer Baltique

17. Bandoleers with the depiction of eagles from the war booty sacrifice at Vimose (Funen, Denmark)

Insignes avec représentation d'aigles, faisant partie du sacrifice d'un butin à Vimose (Funen, Danemark)

18. Stone masonry in Bratislava-Dúbravka (Slovakia), beyond the empire, built in the Roman manner, is just one of the buildings beyond the frontier which imitated Roman styles

Maçonnerie à Bratislava-Dúbravka (Slovaquie), à l'extérieur de l'empire, construite à la manière romaine, formant un des bâtiments au-delà de la frontière qui imitaient le style romain

The "Frontiers of the Roman Empire" World Heritage Site

In 1987 Hadrian's Wall (UK) was added to the list of World Heritage Sites. In 2005 the German frontier between the rivers Rhine and Danube, known locally as the Obergermanisch-Raetische Limes, achieved the same accolade. By this act a new, transnational World Heritage Site, Frontiers of the Roman Empire, was created. This was the first step of many towards the creation of a truly transnational World Heritage Site encompassing countries in Europe, the Middle East and North Africa. In 2008, the Antonine Wall in Scotland was added to the World Heritage Site. To date, the three main artificial frontiers of the Roman empire have been included in the World Heritage Site. Now, the focal point for new nominations concentrates on river frontiers along the Lower Rhine in Germany and The Netherlands and the Danube countries from Bavaria through Austria, Slovakia and Hungary to the Croatian border.

Le site du patrimoine mondial des « Frontières de l'Empire Romain »

C'est en 1987 que le mur d'Hadrien, au Royaume-Uni, a été inscrit sur la liste des sites du patrimoine mondial. En 2005 la frontière de Germanie entre le Rhin et le Danube, le « limes de Germanie supérieure-Rétie », a reçu la même distinction. Cet acte a donné naissance à un nouveau site multinational, « Les frontières de l'Empire romain ». Ce n'est, espérons-le, que le premier pas vers la création d'un véritable site international englobant les pays européens, le proche et le Moyen-Orient, l'Afrique du Nord. En 2008, le mur d'Antonin en Écosse a été ajouté sur la liste du patrimoine culturel mondial. À ce jour les trois principales frontières artificielles de l'Empire romain ont donc été inscrites sur cette liste. Maintenant, l'objectif de nouvelles nominations se focalise sur les fleuves qui formaient la frontière, le cours inférieur du Rhin en Allemagne et aux Pays-Bas, ainsi que les pays Danubiens, de la Bavière à la frontière croate, en passant par l'Autriche, la Slovaquie et la Hongrie.

This project is a truly challenging concept with no real precedent. It involves the co-operation of archaeologists and cultural resource managers in many countries – and in international agencies. Certain rules have to be accepted and standards met. Yet, each country has its own traditions of undertaking its archaeology, protecting and managing its sites, and presenting and interpreting its monuments to the public. There is no intention to force each country to change its traditions. Rather, archaeologists and administrators are working together to create overarching frameworks within which each country can adapt and enhance its own ways of working.

Ce projet constitue un défi conceptuel sans précédent. Il exige la coopération des archéologues et des gestionnaires de la culture dans un certain nombre de pays, et dans des institutions internationales. Certaines règles doivent être observées et certains standards doivent être assurés. Pourtant, chaque pays a ses propres traditions quant à l'archéologie, la protection et la gestion de ses sites, et aussi quant à l'interprétation et à la présentation au public de ses monuments. L'intention n'est pas de forcer les différents pays à changer leurs traditions. Les archéologues et les administrateurs contribuent plutôt à la création de dispositions de base, suivant lesquelles chaque pays peut adapter et intensifier ses propres modes de travail.

19. Hadrian's Wall at Highshield Crags near Housesteads (UK)

Mur d'Hadrien à Highshield Crags près de Housesteads (Royaume-Uni)

20. The wood-covered frontier in the Taunus mountains (Germany)

La frontière couverte de forêts dans le Taunus (Allemagne)

The definition of a World Heritage Site

To that end, the co-ordinators of those countries which have already declared their intention to nominate their stretches of the Roman frontier as a World Heritage Site have formed themselves into a group. Named the Bratislava Group after the location of their first meeting in March 2003, it contains delegates from Austria, Bulgaria, Croatia, Germany, Hungary, the Netherlands, Romania, Serbia, Slovakia, and the UK.

The Bratislava Group acts as an adviser on archaeological and scientific aspects of the frontier. It has proposed the following definition for the Frontiers of the Roman Empire World Heritage Site:

"*The Frontiers of the Roman Empire World Heritage Site should consist of the line(s) of the frontier at the height of the empire from Trajan to Septimius Severus (about AD 100 to 200), and military installations of different periods which are on that line. The installations include fortresses, forts, towers, the limes road, artificial barriers and immediately associated civil structures*".

Définition d'un site du patrimoine culturel mondial

C'est en poursuivant ce but que les coordinateurs des pays qui ont déjà déclaré leur intention de nominer leurs secteurs de la frontière romaine pour la liste des sites du patrimoine mondial ont formé un groupe. Ce groupe, nommé Groupe de Bratislava, selon le lieu de la première rencontre en mars 2003, comprend des délégués de l'Autriche, la Bulgarie, la Croatie, l'Allemagne, la Hongrie, des Pays-Bas, de la Roumanie, la Serbie, la Slovaquie et du Royaume-Uni.

Le Groupe de Bratislava donne des conseils concernant les aspects archéologiques et scientifiques de la frontière. Il a proposé la définition suivante du « site du patrimoine mondial des Frontières de l'Empire Romain » :

« *Le site du patrimoine mondial des 'Frontières de l'Empire Romain' devrait comprendre la (les) ligne(s) de la frontière de l'empire au sommet de son extension entre les empereurs Trajan et Septime Sévère (de 100 à 200 ap. J.-C. environ), ainsi que des dispositifs militaires de périodes différentes se trouvant sur ces lignes. Ces dispositifs incluent des forteresses, des forts, des tours défensives, la voie frontalière, des barrières artificielles et des structures civiles s'y rapportant immédiatement* ».

22. Coin depicting the Emperor Septimius Severus (193–211), who campaigned on many frontiers and expanded the empire to the east, south and north

Monnaie montrant l'empereur Septime Sévère (193–211), qui luttait sur de nombreuses frontières et élargit l'empire vers l'est, le sud et le nord

This definition excludes outpost and hinterland forts. But it has the main advantage that it is relatively simple, an important element when seeking to undertake an entirely new concept. Roman military installations stretch across many kilometres of the Roman empire and to seek to include all within this single World Heritage Site would involve enormous tasks of definition, too complex to undertake at this most early stage in the process. It would, of course, be possible to amend the proposed definition in due course.

The task ahead

The present task is daunting enough. Agriculture, and later industrialisation and the growth of towns and cities, has dealt harshly with some sections of the frontier. Many sectors are now no longer visible to the naked eye, yet they remain in the ground as an important archaeological resource. Their preservation is imperative for they hold the key to understanding frontiers better through controlled scientific research. The Frontiers of the Roman Empire are therefore well suited to convey the message that the protection of archaeological sites whether visible or invisible is vital for the preservation of the collective memory of mankind. The best way to protect the remains of the frontier in urban contexts has yet to be determined. This is all the more important because

21. Statue of the Emperor Trajan (AD 98–117), who conquered Dacia (Romania) and Parthia (Iraq and Iran), Rijksmuseum Leiden (Netherlands)

Statue de l'empereur Trajan (98–117 ap. J.-C.), qui conquit la Dacie (Roumanie) et la Parthie (Iraq et Iran), Rijksmuseum Leiden (Pays-Bas)

23. The east-gate of the Roman fort at Traismauer on the Danube (Austria) dates to the 4th century but qualifies for nomination under the proposed definition

Bien que la porte est du fort romain à Traismauer près du Danube (Autriche) date du IVᵉ siècle ap. J.-C., elle est qualifiée pour la liste de nomination selon la définition proposée

Cette définition exclut aussi bien les forts au-delà des frontières que ceux de l'arrière-pays. Mais son avantage principal est sa simplicité relative, un élément important quand il s'agit de réaliser une idée entièrement nouvelle. Les dispositifs militaires romains s'étendent sur une très longue distance et tenter de les inclure tous dans un seul site du patrimoine mondial nécessiterait des efforts énormes de définition, trop complexes pour cette phase précoce du procédé. Mais naturellement, il serait possible de compléter la définition proposée au bon moment.

La mission à remplir

La présente mission est quelque peu intimidante. L'agriculture, et plus tard l'industrialisation ainsi que l'expansion des villes et des métropoles ont gravement affecté certaines sections de la frontière. Aujourd'hui, beaucoup de secteurs ne sont plus visibles à l'œil nu, mais, tout en étant enterrés, ils sont une ressource archéologique importante. Leur préservation est absolument nécessaire, car ils sont la clé pour une meilleure compréhension des frontières résultant de recherches scientifiques contrôlées. Pour cette raison, les frontières de l'empire romain sont aptes à transmettre le message que la protection des sites archéologiques, visibles ou non, est vital pour la préservation de la mémoire collective de l'humanité. La meilleure manière de protéger les vestiges de la

24. This inscription from Intercisa (Hungary) is one of several recording the erection of watch-towers to protect the empire from the illicit incursions of bandits during the reign of the Emperor Commodus (161–180)

La construction de tours de guets, protégeant l'empire contre les incursions illicites de bandits pendant le règne de Commode (161–180), est entre autres documentée par cette inscription d'Intercisa (Hongrie) (*Inscriptiones Latinae Selectae* 8913)

modern excavation has demonstrated that archaeological deposits often survive better in towns than in the countryside.

A further problem stems from the way that we protect our heritage. Museums cannot be World Heritage Sites. Yet parts of Roman frontiers – inscriptions, sculpture, pottery, artefacts, in short all the material which aids our understanding of life on the frontier – are displayed and stored in museums. Inscriptions are vital to our understanding of frontiers. They inform us when they were built, why and by whom, and what the constituent parts were called. Cramp holes demonstrate that they were once fixed to frontier buildings. In some manner, a way has to be found to associate them with the World Heritage Site itself.

frontière dans des contextes urbains n'a toujours pas été déterminée. Ceci est d'autant plus important que des fouilles actuelles ont démontré que les vestiges archéologiques survivent souvent mieux dans les villes que dans les campagnes.

Un autre problème provient de la manière dont nous protégeons notre patrimoine. Les musées ne peuvent pas être des sites du patrimoine mondial. Pourtant, des pans entiers des frontières romaines – inscriptions, sculptures, poteries, produits artisanaux, bref, tous ces objets qui nous aident à comprendre la vie autour des frontières – sont exposés et conservés dans des musées. Les inscriptions sont essentielles pour la compréhension des frontières. Elles nous disent quand les frontières ont été érigées, pourquoi et par qui, et quelle était la désignation des parties constituantes. Des trous de crampons nous montrent qu'elles étaient jadis fixées sur les bâtiments longeant la frontière. D'une manière ou d'une autre, il faut trouver comment ces inscriptions peuvent être mises en relation avec le site du patrimoine mondial lui-même.

25. The Roman fort at Gerulata lies in the outskirts of Bratislava (Slovakia)

Le fort romain à Gerulata est situé dans la périphérie de Bratislava (Slovaquie)

26. An inscription from the Antonine Wall (Scotland, UK) recording the construction of a section of the frontier

Inscription du mur d'Antonin (Écosse, Royaume-Uni) rappelant la construction d'un secteur de la frontière

History and extent of frontiers

The Roman perspective was that they had subjected the entire *orbis terrarum* to the rule of Roman people – as far as they had knowledge about it or considered it worth conquering. This philosophy did not encompass the idea of boundaries at all except the idea that "barbarians" should stay outside the Roman concept of the civilised world. However, Rome's boundaries rarely remained stable. Constant political crises, major warfare and even border skirmishes created situations to which Rome had to react. In time, firm lines came into existence.

The man who did most to define the edges of the Roman state was its first emperor, Augustus (27 BC–AD 14). Towards the turn of the Common Era he completed the conquest of the Alps and Spain, defined the eastern boundary by treaty with the Parthians, sent expeditions up the Nile and into the Sahara Desert, and brought Roman arms to the Danube and the Elbe. He famously gave advice to keep the empire within its present boundaries; advice conspicuously ignored by many of his successors, though their achievements were much less than his.

Histoire et étendue des frontières

Le point de vue des Romains était qu'ils avaient soumis au peuple romain *l'orbis terrarum* tout entier – dans la mesure où ils en avaient connaissance ou qu'ils considéraient que sa conquête en valait la peine. Cette philosophie ne contenait pas du tout l'idée de limites, sauf que les « barbares » devaient rester en dehors du concept romain de monde civilisé. Pourtant, les frontières romaines restaient rarement stables. Des crises politiques constantes, des guerres véritables et même des escarmouches frontalières créaient des situations auxquelles Rome devait réagir. Avec le temps, des lignes stables naissaient.

L'homme qui avait contribué le plus à définir les bornes de l'État romain était le premier empereur, Auguste (27 av. J.-C.–14 ap. J.-C.). Un peu avant le début de notre ère il acheva la conquête des Alpes et de l'Espagne, fixa par un traité la frontière orientale avec les Parthes, envoya des expéditions le long du Nil et au Sahara, et porta les armes romaines jusqu'au Danube et à l'Elbe. Il donna le conseil célèbre de s'en tenir aux frontières existantes de l'empire, conseil ignoré de manière frappante par bon nombre de ses successeurs, bien que leurs résultats aient été moindres que les siens.

Rome´s foreign policy

Yet, Rome's expansion was slowing down and her main aim became the maintenance of imperial security. In doing so Rome's foreign policy used a wide range of different instruments and strategies to maintain her superior status. Her army did not rely only on force but also on the image of Rome itself as a policy instrument. Adrian Goldsworthy has stated that "the Roman genius was to combine the practical with the visually spectacular so that the army's actions were often designed to overawe the enemy with a display of massive power before they actually reached him". Thousands of military buildings and installations erected along the borders of the empire, many of which have survived until today, represent this two-fold demonstration of Roman power and influence, at once both architectural and imaginative.

La politique étrangère de Rome

Mais l'expansion de Rome ralentissait et son but principal devenait la préservation de la sécurité impériale. Ainsi, la politique extérieure romaine se servait d'une grande palette d'instruments et de stratégies pour maintenir sa supériorité. Son armée ne comptait pas seulement sur la force, mais aussi sur l'effet de Rome elle-même en tant qu'instrument politique. Comme l'a dit Adrian Goldsworthy, « le génie romain était de combiner l'effet pratique avec la mise en scène visuelle, de manière que les actions de l'armée devaient souvent intimider l'ennemi par une démonstration de force massive avant même de l'atteindre ». Des milliers de bâtiments et de dispositifs militaires érigés le long des frontières de l'empire, dont un grand nombre a survécu jusqu'à nos jours, représentent cette double démonstration de puissance et d'influence romaine, à la fois architecturale et imaginaire.

27. The Tropaeum Alpium at La Turbie (France) commemorates the conquest of the Alps by the Emperor Augustus

Le Tropaeum Alpium à La Turbie (France) commémore la conquête des Alpes par l'empereur Auguste

28. A Roman centurion named Aurelios carved his name on the rock at the Garamantian hill-fort of Zinkekra deep in the Sahara Desert (Libya)

Un centurion romain nommé Aurelios a gravé son nom sur les rochers de l'oppidum garamante de à Zinkekra, au cœur du Sahara (Libye)

29. Recent archaeological investigations have led to the discovery of towers erected beside the Rhine in the Netherlands under Claudius (41–54)

Des investigations archéologiques récentes ont mené à la découverte de tours érigées le long du Rhin aux Pays-Bas sous le règne de Claude (41–54)

30. Towers, such as this one in Turkey, aided communication along the frontier roads

Des tours, comme celle-ci en Turquie, facilitaient la communication le long des routes frontalières

The location of frontiers

The Roman empire encircles the Mediterranean Sea – *Mare Nostrum*, Our Sea, as they called it – and beyond that lay its frontiers. These, in time, stretched from the Atlantic Ocean, across Europe to the Black Sea, through the deserts and oases of the Middle East to the Red Sea, and thence across North Africa, skirting the edge of the Sahara Desert, to the Atlantic coast of Morocco.

In the UK the frontier became established on the line of Hadrian's Wall, though for a time even that was abandoned in favour of a more northern frontier, the Antonine Wall. Through much of Europe the frontier lay initially along the rivers Rhine and Danube. In the later 1st century AD, thefirst steps were taken to shorten the line between the headwaters of the rivers. Under Antoninus this was formalised through the construction of a palisade for about 500 km. In contrast to the usual practice for purely defensive installations, its course is often mathematically straight, completely ignoring the topography of the land. The territory now brought into the empire developed into a rich agricultural area supporting many villas and farms.

L'étendue des frontières

L'empire romain entoure la Méditerranée – *Mare Nostrum*, Notre Mer, comme les Romains l'appelaient – et ses frontières se trouvent au-delà. Celles-ci, avec le temps, se sont étendues en Europe de l'Atlantique à la Mer Noire, à travers les déserts et les oasis du Proche-Orient jusqu'à la Mer Rouge, et de là en Afrique du Nord, suivant la bordure saharienne, jusqu'à la côte atlantique du Maroc.

Au Royaume-Uni, la frontière était établie sur la ligne du mur d'Hadrien, bien que celle-ci ait été abandonnée pour un certain temps en faveur d'une frontière plus au nord, le mur d'Antonin. Pour une grande partie de l'Europe, la frontière coïncidait d'abord avec le Rhin et le Danube. Au cours du Ier siècle ap. J.-C., on commença à raccourcir la ligne entre les cours supérieurs de ces deux fleuves. Sous l'empereur Antonin, cette idée prit forme avec la construction d'une palissade d'environ 500 km de longueur. Contrairement à la technique de construction courante des dispositifs de défense purs, elle est souvent tracée en ligne absolument droite et ignore la topographie du terrain. Le terrain ainsi incorporé à l'Empire commençait à devenir une région agricole riche où florissait un grand nombre de villas et de fermes.

31. A wall at Bir Oum Ali in Tunisia controlled access through a mountain pass along a wadi

Le mur de Bir Oum Ali en Tunisie permettait de contrôler le passage en barrant un wadi

From Bavaria (Germany) to the Black Sea (Romania) the frontier ran along the river Danube. An exception to this was Dacia (modern Transylvania in Romania) which was conquered by the Emperor Trajan in 106. The frontier now moved from the river to the more difficult terrain of the Carpathian Mountains.

In the East, the Romans faced two enemies, the powerful kingdom of the Parthians and the desert. Together, these defined Rome's Eastern frontier. No running barrier was erected, unnecessary in the desert, though a stretch of a major river, the Euphrates, was used. A significant feature of this frontier were the roads running for hundreds of kilometres along the edge of the desert and to all intents and purposes defining the frontier itself.

The Sahara Desert defined most of the frontier in North Africa. In Egypt, the army monitored both the population of major cities, the distribution of wheat, the mineral resources of the desert, the commercial routes, and, of course, the southern frontier. Where necessary, as in modern Algeria, barriers controlled the movement of the transhumance farmers.

32. The northern fringes of the Carpathian mountains (Romania)

Contreforts nord des Carpates (Roumanie)

33. The limes-gate of Dalkingen (Germany). It has been argued that this special façade was created to mark the visit of the Emperor Caracalla in 213

La porte frontalière de Dalkingen (Allemagne). On a soutenu la thèse que cette façade spéciale avait été érigée afin de marquer la visite de l'empereur Caracalla en 213

De la Bavière (Allemagne) à la Mer Noire (Roumanie), la frontière suivait le Danube. Une exception était la Dacie (la Transylvanie actuelle en Roumanie), qui fut conquise par l'empereur Trajan en 106. La frontière fut ensuite déplacée du fleuve vers le terrain plus difficile des Carpates.

À l'est, les Romains étaient confrontés à deux ennemis, le royaume puissant des Parthes et le désert. Les deux ensembles définissaient la frontière est de Rome. Aucune barrière continue ne fut érigée, inutile dans le désert, mais un tronçon du grand fleuve, l'Euphrate, faisait frontière. Une caractéristique de cette frontière étaient les voies accompagnant les bords du désert sur des centaines de kilomètres et définissant la frontière elle-même à différents égards.

Le Sahara déterminait la majeure partie de la frontière en Afrique du Nord. En Égypte, l'armée surveillait à la fois la population des villes importantes, les livraisons de blé, les ressources minérales du désert, ses pistes commerciales et, bien entendu, la frontière sud. Suivant les besoins, comme dans l'Algérie actuelle, des barrières réglaient les mouvements des paysans en transhumance.

35. One of the earliest archaeological parks was that at the Saalburg (Germany)

Un des premiers parcs archéologiques a été celui de la Saalburg (Allemagne)

36. The legionary fortress at Satala (Turkey) on the Euphrates River was carefully placed to control a potential invasion route

Le camp légionnaire à Satala (Turquie) sur la rive de l'Euphrate était placé soigneusement afin de contrôler une route d'invasion potentielle

34. A reconstruction of a section of the palisade and a tower in Germany

Reconstitution d'une section de la palissade et d'une tour en Allemagne

37. The fortlet of Boljetin (Serbia) on the bank of the Danube was excavated in 1969 and flooded after the construction of the dam across the river

Le fortin de Boljetin (Serbie) sur la rive du Danube a été fouillé en 1969 et inondé après la construction d'un barrage

38. The north gate of the fort at Bu Njem (Libya) in 1967 before the present campaign of excavation

Porte nord du fort à Bu Njem (Libye) en 1967, avant la campagne de fouilles

39. Trajan's Column in Rome (Italy) shows soldiers building a fort

Sur la colonne de Trajan à Rome (Italie) sont représentés des soldats qui construisent un fort

The army and frontiers

Rome always reacted to the local situation and developed individual solutions to its different problems. The military installations on every frontier were connected by a road, often forming a major highway. Indeed, it appears that the very name of a frontier – *limes* – derives from the Roman name for a frontier road.

The Roman army used local materials to construct its forts and frontiers. Stone, turf, clay, mud-brick, timber, tile, slate, thatch, mortar and plaster were amongst those used. Nor were these plain, unadorned or make-shift structures. Walls, whether of stone or timber, were often plastered and even painted. Painted wall-plaster has even been found in barrack-blocks.

40. Model of the legionary fortress of Bonn (Germany) with the harbour and the civil settlement in the background

Modèle du camp légionnaire de Bonn (Allemagne) avec le port et les canabae de la légion en arrière-plan

41. Gasr Bshir (Jordan) is typical of the forts in the desert, yet unique in its state of survival

Gasr Bshir (Jordanie) est un fort typique dans le désert, qui se trouve pourtant dans un état de conservation unique

L'armée et les frontières

Rome réagissait toujours aux situations locales et développait des solutions individuelles aux différents problèmes. Les dispositifs militaires de chaque frontière étaient liés par une voie, qui souvent constituait une grande rocade. Il apparaît en effet que la désignation même de la frontière – *limes* – dérive du terme romain qui désigne une route frontalière.

L'armée romaine se servait de matériaux de provenance locale pour construire ses forts et ses frontières. On utilisait la pierre, le gazon, l'argile, les briques d'adobe, le bois, la tuile, l'ardoise, le chaume, le mortier, le plâtre. Mais ce n'étaient pas des constructions simples, dépouillées ou provisoires. Les murs, en pierres ou en bois, étaient souvent crépis et même peints. On a même découvert des enduits peints dans des casernements.

42. Dura on the Euphrates River (Syria). As in many cities along the Eastern frontier, it contained a regiment of the Roman army

Dura sur la rive de l'Euphrate (Syrie). Comme dans de nombreuses villes le long de la frontière orientale, un régiment de l'armée romaine y était stationné

43. The Antonine Wall (Scotland, UK) was built of turf, which survives as a low mound; the ditch is to its left

Le mur d'Antonin (Écosse, Royaume-Uni) construit en gazon

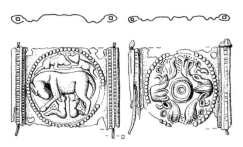

44. Roman military equipment from Augst (Switzerland)

Équipement militaire provenant d'Augst (Suisse)

45. A terracotta model of a fort gate, found at Intercisa (Hungary)

Maquette d'une porte d'un fort en terre cuite trouvée à Intercisa (Hongrie)

The purpose of frontiers

Although bristling with military structures of every kind, and the base of armies whose main purpose was to defend the empire, the primary function of the frontiers themselves was the control of movement into and out of the empire, including the prevention of raiding. The buildings – walls, fortlets and towers – were supplemented by scouts whose duties were to maintain watch on land, and fleets whose sailors maintained surveillance over the river and sea boundaries of the empire.

The core of the provincial armies was formed by the legions. Only about 30 of these existed at any one time and they were strung out along the frontiers of the empire, sometimes on the actual line, elsewhere some distance to the rear. The main body of the provincial army was formed by auxiliary units – literally support troops – and these occupied much smaller forts than the legions. In the disturbed times following the fall of the Roman empire, fort walls provided protection. Many of today's major cities have at their centre a legionary fortress.

46. Milecastle 42 (Cawfields) on Hadrian's Wall (UK). Gates such as this allowed passage through the frontier

Fortin 42 (Cawfields) sur le Mur d'Hadrien (Royaume-Uni). De telles portes permettaient le passage à travers la frontière

La fonction des frontières

Hérissées de structures militaires de toutes sortes et servant de base aux armées qui devaient avant tout défendre l'empire, la fonction première des frontières elles-mêmes était le contrôle des mouvements vers l'intérieur et vers l'extérieur de l'empire, ainsi que la prévention des raids. Les bâtiments – murs, fortins et tours – abritaient des éclaireurs qui avaient pour tâche de surveiller le territoire, et des flottes dont les marins surveillaient les frontières fluviales et maritimes de l'empire. Le noyau de l'armée des provinces était constitué par les légions. Il n'en existait jamais plus d'une trentaine et elles étaient réparties le long des frontières, soit sur la ligne actuelle, soit plus en arrière. La partie principale de l'armée des provinces était formée par des unités auxiliaires – des « renforts », au sens littéral du terme – et elles occupaient des forts beaucoup plus petits que les légions. Pendant les temps troublés qui suivirent la chute de l'empire romain, les murs des forts ont assuré une certaine protection. Beaucoup de grandes métropoles actuelles renferment dans leur centre un ancien camp légionnaire.

47. Tile stamp of the First Legion Italica from Novae (Bulgaria) depicting a boat

Brique estampillée de la Ière Légion Italique de Novae (Bulgarie) montrant un bateau

48. Strasbourg (France), one of the seats of the European Parliament, has at its core the fortress of the Eighth Legion Augusta

Strasbourg (France), un des sièges du Parlement européen, renferme dans son centre le camp légionnaire de la VIIIe Légion Auguste

51. An ostracon, a drawing on a pottery sherd from Mons Claudianus, showing an auxiliary cavalryman such as we know from the documentation was involved with communication and control along the desert roads (Egypt)

Un ostracon, un dessin sur un tesson du Mons Claudianus, montrant un des cavaliers auxiliaires qui, selon la documentation, étaient chargés d'assurer la communication et le contrôle sur les routes du désert (Égypte)

Soldiers and civilians

Nearly every fort in the empire attracted civilians to cater for the needs of the soldiers. Civilian settlements sprang up along the frontier. The military installations together with these civilian settlements created a significant economic power, which can only be compared to the great cities of the interior of the empire. This market sucked in goods and attracted trade from both its hinterland as well as from the people beyond the frontier.

Military administration

Both soldiers and civilians required management. The Roman army was excessively bureaucratic, even to our eyes – a receipt in quadruplicate, for example, survives. Every soldier had his own file, and even every horse. Each regiment created a day report. Strength returns were regularly made to Rome. A tiny sample of such documents survive from frontier forts, but they cast strong light on the workings of the Roman army.

49. Aerial view of the town outside the legionary fortress of Carnuntum (Austria)

Vue aérienne de la ville à l'extérieur du camp légionnaire de Carnuntum (Autriche)

50. This writing tablet found at Vindolanda by Hadrian's Wall (UK) is a list of food

Cette tablette à écrire, trouvée à Vindolanda près du mur d'Hadrien (Royaume-Uni), représente une liste de ravitaillement

52. Detail of the arch that formed the forehall of the headquarters building at Lambaesis (Algeria)

Détail de l'arc qui constituait le porche d'entrée du quartier général à Lambèse (Algérie)

Soldats et population civile

Presque chaque fort de l'empire attirait des civils qui répondaient aux besoins des soldats. Des agglomérations civiles sont ainsi nées le long de la frontière. Ensemble, les dispositifs militaires et ces agglomérations civiles ont formé une puissance économique considérable, comparable uniquement aux grandes villes à l'intérieur de l'empire. Ce marché faisait venir les marchandises et attirait le commerce aussi bien de l'arrière-pays que de la population au-delà de la frontière.

Administration militaire

Les soldats ainsi que les civils nécessitaient une gestion. L'armée romaine était excessivement bureaucratique, même à nos yeux – un récépissé par exemple existe en quatre copies. Chaque soldat avait son propre fichier, et même chaque cheval. Chaque régiment rédigeait un rapport journalier. Des rapports d'effectifs étaient régulièrement envoyés à Rome. Des échantillons minimes de tels documents ont survécu dans des forts sur la frontière, mais ils contiennent des informations précieuses sur le fonctionnement de l'armée romaine.

53. After 25 years of service the auxiliary soldiers were rewarded with the Roman citizenship, which was confirmed and certified by a military diploma

Après 25 années de service militaire, la citoyenneté romaine était accordée aux soldats auxiliaires, confirmée et certifiée par un diplôme militaire

54. Soldiers, including the flag-bearer (vexillarius), painted on the wall of a room in Dura (Syria)

Peinture murale dans une pièce de Doura (Syrie) montrant des soldats et le porte-drapeau (vexillarius)

Research on Roman frontiers

Roman literature and other ancient sources have long provided a valuable source of information about frontier installations. These sources include several military treatises describing the Roman army and its structures, though, alas, generally not frontiers. They also include specific documents such as the report of the governor Arrian on the forts along the eastern shore of the Black Sea.

Inscriptions and documents

Literary sources are supplemented by thousands of inscriptions from every frontier describing the construction and purpose of military structures as well as providing details of the careers and movements of the officers and soldiers of the Roman army. More recently, documents on papyrus, parchment and wood have been discovered through excavation and provide another valuable source of information.

Scholars started describing and planning Roman remains in the 16th century. Their records are especially valuable today in view of the great changes in the landscape and the damage to the archaeological remains inflicted during the following centuries. They also collected inscriptions and sculpture, and these frequently form an important element of great national and regional collections.

La recherche sur les frontières romaines

La littérature romaine et d'autres sources antiques fournissent des informations précieuses sur les dispositifs militaires le long de la frontière. Parmi ces sources se trouvent plusieurs traités militaires qui décrivent l'armée romaine et ses structures, mais qui, hélas, ne mentionnent généralement pas les frontières. Ils comprennent aussi des documents spécifiques comme le rapport du gouverneur Arrien sur les forts de la côte est de la Mer Noire.

Inscriptions et documents

Les sources littéraires sont complétées par des milliers d'inscriptions provenant des frontières, décrivant la construction et la destination des structures militaires et fournissant des détails sur les carrières et les mouvements des officiers et des soldats de l'armée romaine. Plus récemment, des documents sur papyrus, parchemin ou bois ont été découverts lors des fouilles et représentent maintenant une autre source d'informations précieuse.

Au XVIe siècle, les scientifiques ont commencé à décrire et à cartographier les vestiges romains. Leur documentation est aujourd'hui particulièrement précieuse à cause des grands bouleversements qui ont affecté les paysages et les vestiges dans les siècles suivants. Ils collectionnaient aussi des inscriptions et des sculptures, et ceux-là constituent maintenant souvent un élément important des grandes collections nationales et régionales.

55. This inscription from milecastle 38 (Hotbank) records its building under Hadrian by the Second Legion

Inscription du fortin 38 (Hotbank) rappelant sa construction par la deuxième légion sous le règne d'Hadrien

Survey and excavation

Although excavations were undertaken in the earlier 19th century, it was the 1890s which saw the beginning of the modern era of scientific archaeological investigations. This work did not just encompass excavation; an important element was the surveying and recording of existing remains. This work was often undertaken by institutions such as the Reichs-Limeskommission in Germany, founded in 1892 by the great German historian and winner of the Nobel Prize Theodor Mommsen.

Research in the 20th century was dominated by excavation. Early work focussed on uncovering structural remains often neglecting the more detailed history of each site. Whole forts might be laid open. Yet at the same time, members of the Reichs-Limeskommission in Germany were able to confirm that the frontier had indeed a timber palisade, while in Scotland it was revealed that the Antonine Wall was built of turf as described in the *Historia Augusta*. Techniques soon improved. Better use was made of dating evidence such as coins and pottery and, in time, weapons and other small finds. The advantages of stratigraphy in helping understand the history of sites was also appreciated.

Prospection et fouilles

Malgré les fouilles du début du XIXe siècle, la période moderne des investigations archéologiques scientifiques n'a commencé que dans les années 1890. Cette tâche ne comprenait pas seulement des fouilles, mais un autre élément important était l'observation et la documentation des vestiges existants. Elle a souvent été remplie par des institutions comme la Reichs-Limeskommission en Allemagne, fondée en 1892 par le grand historien allemand et lauréat du Prix Nobel Theodor Mommsen.

Les recherches au vingtième siècle ont été dominées par les fouilles. Au début, on se concentrait sur le dégagement de structures, tout en négligeant souvent les détails du passé historique du site en question. Des forts entiers ont été dégagés. Pourtant, à cette même époque, la Reichs-Limeskommission en Allemagne était capable de confirmer qu'il y avait effectivement une palissade le long de la frontière, pendant qu'en Écosse on avait découvert que le mur d'Antonin était fait en gazon, comme le décrit l'*Histoire Auguste*. Les techniques devaient s'améliorer bientôt. On apprenait à mieux faire valoir les indices de datation comme les monnaies et les poteries et, avec le temps, les armes et d'autres objets. On appréciait aussi les avantages de la stratigraphie quand il s'agissait de mieux comprendre l'histoire des sites.

56. The timber palisade in Germany, excavated in 1894

Palissade en bois en Allemagne, dégagée en 1894

57. Excavations started in Vienna during the major construction work removing the former city defences in the second half of the 19th century

Les fouilles ont commencé à Vienne dans la seconde moitié du 19ème siècle, pendant les travaux de démolition des remparts

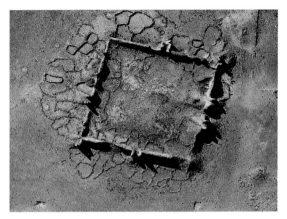

58. The military fortification at Hân al-Manqoûra (Syria), probably dating to the middle of the second century AD, recorded by A. Poidebard in 1930

Fortification militaire à Hân al-Manqoûra (Syrie), datant probablement de la moitié du IIᵉ siècle ap. J.-C., documenté par A. Poidebard en 1930 (A. Poidebard, *Le Trace de Rome dans le Désert de Syrie*, Paris 1934, Pl. 20.1)

Aerial survey

Aerial photography provided another valuable tool. Antoine Poidebard's great survey of Roman military sites in Syria, undertaken in the 1920s, and Sir Aurel Stein's survey of Jordan remain major sources for the study of the Eastern frontier. Jean Baradez's *Fossatum Africae*, published in 1949, is based upon his aerial reconnaissance of North Africa and remains a major source for any study of this area.

Today, terrestrial and aerial survey is supplemented by remote sensing, in particular geophysical survey. So much of this work is facilitated by advances in computer technology in helping documenting and mapping.

International co-operation in work on Roman frontiers began in the 19th century. In 1949 the Congress of Roman Frontier Studies was founded and has met regularly since in various countries. Today, research on the Frontiers of the Roman Empire brings together scientists from all over the world: the 24th Congress in Serbia in 2018 was attended by 360 scholars from 28 countries.

Photographie aérienne

La photographie aérienne a fourni un autre instrument utile. L'importante prospection des sites militaires en Syrie d'Antoine Poidebard, entreprise dans les années 1920, et la prospection de la Jordanie par Sir Aurel Stein sont toujours des sources d'information importantes pour l'étude de la frontière orientale. Le *Fossatum Africae* de Jean Baradez, publié en 1949, est basé sur son exploration aérienne de l'Afrique du Nord et reste le point de départ pour toute étude de cette région.

Aujourd'hui, la prospection terrestre et aérienne est complétée par la télédétection, avant tout par la prospection géophysique. Le progrès de la technique d'informatisation a apporté des facilités énormes pour les travaux de documentation et de cartographie.

La coopération internationale portant sur les frontières romaines a commencé au XIXᵉ siècle. En 1949, le Congrès International d'Études sur les Frontières Romaines fut fondé et il se réunit régulièrement depuis lors dans différents pays. Aujourd'hui, l'exploration des frontières de l'Empire romain réunit des scientifiques du monde entier : le 24ᵉ congrès, tenu en 2018 en Serbie, a été suivi par 360 savants venus de 28 pays.

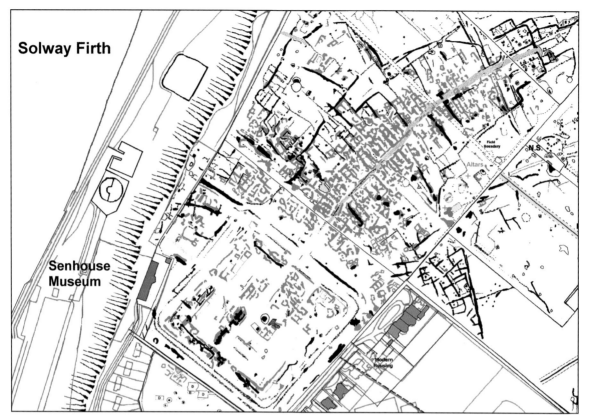

Solway Firth

Senhouse Museum

Field Boundary

N.S.

Altars

Modern Housing

59. Geophysical survey of the fort and civil settlement at Maryport (UK)

Prospection géophysique du camp et de l'agglomération civile à Maryport (Royaume-Uni)

Protection and presentation of frontiers

The survey, excavation and recording of archaeological sites are but one part of the story. From the very beginning of excavation in the late nineteenth century, visitors wanted to see the remains which had been uncovered. Often, such archaeological sites were left open and unprotected. Archaeologists removed the valuable finds to museums, but visitors also wanted their own souvenirs and as a result some sites practically disappeared.

The same years saw the first steps towards protecting ancient monuments. Country after country passed legislation to secure the future of their heritage. Agriculture had long threatened the survival of archaeological remains; now industry and its infrastructure competed with its destructive power. Vast economical developments everywhere gradually

La protection et la présentation des frontières

La prospection, la fouille et la publication des sites archéologiques n'est qu'une partie de l'histoire. Depuis le tout début des fouilles à la fin du 19e siècle, les visiteurs ont voulu voir les vestiges mis au jour. Bien souvent ces sites archéologiques étaient laissés à l'air libre, sans protection. Les archéologues rapportaient les pièces de valeur dans les musées, mais les visiteurs voulaient aussi leurs petits souvenirs : le résultat a été la disparition pure et simple de certains sites.

C'est aussi dans ces années-là qu'ont commencé les premières mesures de protection des monuments anciens. Chaque pays, à son tour, a adopté une législation visant à protéger l'avenir de son héritage. L'agriculture a longtemps menacé les vestiges archéologiques ; maintenant, c'est l'industrie et ses

60. Aquincum museum in Budapest (Hungary) founded in 1894

Le Musée d'Aquincum à Budapest (Hongrie), fondé en 1894

61. Roman stone monuments and inscriptions in Osijek Museum (Croatia)

Monuments Romains en pierre et inscriptions dans le Musée d'Osijek (Croatie)

changed the face of archaeology, leading to large and complex rescue excavations.

The needs of increasing numbers of visitors required to be met. Military sites were laid out for public inspection; museums were built to house the large collections of artefacts, and, in time, other facilities were provided, such as archaeological parks, many containing reconstructions, and reaching out to involve the public by means or re-enactment and Roman military displays.

infrastructures qui entrent en lice, avec leur pouvoir destructeur. De vastes programmes de développement économique ont un peu partout changé la face de l'archéologie, conduisant à de gigantesques et complexes chantiers de fouilles préventives.

Il faut attirer de plus en plus de visiteurs. Les sites militaires ont donc été adaptés au public, des musées construits pour abriter de vastes collections; en même temps, on a effectué d'autres aménagements, comme des parcs archéologiques avec des bâtiments reconstruits, dont l'objectif est d'impliquer le public par la reconstitution et la mise en scène de la pratique militaire romaine.

62. Tourism is not a modern phenomenon. This bowl was probably made as a souvenir of Hadrian's Wall (UK) in the 2nd century

Le tourisme n'est pas un phénomène moderne. Ce bol est probablement un souvenir du mur d'Hadrien (Royaume-Uni) du IIe siècle

Future perspectives

Today's world offers many challenges. Roman frontiers defined a single state, albeit one which no longer exists. The very commonality of Roman frontiers demands that they are treated as a single monument. Roman frontiers are the joy of the aficionado of cultural tourism – here is one great cultural route running right round the Roman empire, offering not just different sites but a wide range of landscape and scenery.

Protection is still a complex issue in the face of our modern society and its demands. Archaeological investigation is an increasingly complex operation requiring more resources. Visitors have high expectations, fuelled by television and other media presentations. To create and manage a single large monument such as the Frontiers of the Roman Empire demands a management philosophy in which the different parts of the frontier complex are treated holistically while respecting local traditions and practices: this is a considerable challenge as well as a great opportunity for international co-operation.

It is clear that the protection and enhancement of our common heritage requires much energy and tolerance, between the scientific community and administrators, at every level from the local to the international.

Des perspectives pour l'avenir

Le monde d'aujourd'hui offre de nombreux défis. Les frontières romaines sont la marque d'un État, mais celui-ci n'existe plus. Leurs caractéristiques communes exigent qu'elles soient traitées comme un seul et même monument. Elles sont la joie de l'aficionado du tourisme culturel et, ici, nous avons une gigantesque route culturelle qui fait tout le tour de l'Empire romain, qui n'offre pas seulement des sites différents, mais un large panel de paysages et de décors.

La protection patrimoniale forme une question complexe face à notre société moderne et à ses besoins. L'investigation archéologique constitue une opération toujours plus complexe, qui nécessite de plus en plus de moyens. Les visiteurs ont de grandes attentes, alimentées par la télévision et d'autres moyens multimédias. Créer et administrer un monument aussi gigantesque que les frontières de l'Empire romain réclame une philosophie du management qui traite comme un tout les différentes parties de ce complexe, tout en respectant les traditions et les pratiques locales. Un défi considérable, mais en même temps une grande opportunité pour la coopération internationale.

Il est clair que la protection et la promotion de notre héritage commun requièrent beaucoup d'énergie et de tolérance, entre la communauté scientifique et les administrateurs, à chaque niveau, qu'il soit local ou international.

63. The 3 genii at Housesteads wear the cucullatus, a long, hooded cloak, appropriate protective clothing

Les trois genii à Housesteads portant le cucullus, un long manteau à capuchon, vêtements de protection approprié

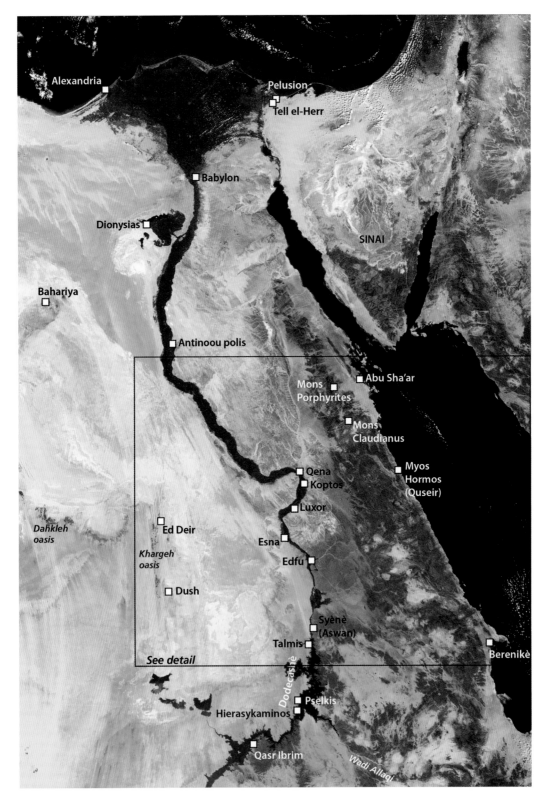

64. Map of sites mentioned in the text

Carte des sites mentionnés dans le texte

65. The Nile and the Theban Mountain at Luxor
Le Nil et la montagne thébaine, à Louqsor

THE ROMAN FRONTIER
IN EGYPT

LA FRONTIÈRE ROMAINE
EN ÉGYPTE

Was there a Roman frontier in Egypt? The question may seem odd to anyone unfamiliar with the country's very peculiar geography. For 850 km, between the southern tip of the delta (modern Old Cairo and the first cataract near Syene (modern Aswan), the Nile Valley, edged by the desert, barely exceeds 20/25 km in width – it even narrows to 3 or 4 km in its southern part – and it is only in the delta that broad expanses of farmland can be found. In these wetlands, fertilised each year by the river's floodwaters, there clustered a population of some 7.5 million inhabitants, not counting Alexandria. This was a big number for Antiquity. The remainder of the country was but deserts. To the west, they were pretty much uncrossable, save near the Mediterranean coast, as the fighting in World War II illustrated. True there was a string of fertile oases, but isolated from the valley, that the Ancients readily likened to islands in the midst of the sea. On the Sinai side, only the coast road afforded easy access to Palestine. East of the Nile, and especially in the latitudes of the middle valley, the desert is different: its

Y a-t-il une frontière romaine en Égypte? La question pourra paraître curieuse à toute personne qui ne connaît pas ce pays à la géographie si particulière. Sur 850 km, entre la pointe méridionale du delta (mod. Le Vieux Caire) et la 1ère cataracte, près de Syène (mod. Assouan), la vallée du Nil, bordée par le désert, ne dépasse guère 20/25 km en largeur : elle est même réduite à 3 ou 4 km dans sa partie méridionale, et ce n'est que dans le delta qu'on trouve de vastes espaces agricoles. Dans ces zones humides, fertilisées chaque année par la crue du fleuve, se concentrait une population d'environ 7,5 millions d'habitants, sans compter Alexandrie, un chiffre élevé pour l'Antiquité. Le reste du pays n'est que déserts. Vers l'ouest, ils sont à peu près infranchissables, sauf près de la côte méditerranéenne, comme l'ont illustré les combats de la seconde guerre mondiale. On y rencontre, il est vrai, un chapelet d'oasis fertiles, mais isolées de la vallée, que les Anciens comparaient volontiers à des îles au milieu de la mer. Du côté du Sinaï, seule la voie côtière permet d'accéder aisément en

geology, marked by fold mountains near the Red Sea, yielded major mining resources (gold, emeralds, galena, etc.), worked since pharaonic times, and quarries of high-grade stone from which the great city planning schemes of Rome were to benefit. It was also a zone criss-crossed by valleys with watering holes and a transit route for merchandise (aromatic herbs, spices, valuable timber) from India, the Horn of Africa and Yemen over to the Nile and on to the Mediterranean market. Finally, south of the first cataract, at Aswan, the valley, now a narrow ribbon, led on to Nubia and the often hostile Meroitic Kingdom of Kush. On this side, protection was required.

Understandably then, Roman Egypt never established a *limes* of the kind found in Europe. The Greek geographer Strabo, at the beginning of the Christian era, affirmed that the country was naturally protected by vast deserts; while under the Empire, the neighbouring provinces were in Rome's hands, outside threats – which were quite limited – could only come from the south. But there were dangers within, too, of another kind: first Alexandria, a populous and unruly city, racked by ethnic and religious divides, with a large Jewish community, where unrest was commonplace; the major towns along the valley, especially Thebes, that had to be watched; the nomads of the Eastern Desert, who were to grow more aggressive from the end of the first century and who were a real threat by the late third century, even capturing Koptos in the Nile valley around 280. It can therefore be understood what the aims of the Roman army of Egypt were: to control this fertile country, Rome's main granary and vital for imperial rule; to watch over Alexandria and the more restive cities; to organize the exploitation of the Eastern Desert and ensure security there; and lastly to protect the southern frontier.

"I added Egypt to the Empire of the Roman People", Augustus wrote in the record of his life. Politically and administratively, Egypt, which was conquered in 30 BC, was a peculiar province where the Emperor – a magistrate for his fellow citizens – was deemed pharaoh by the Egyptians, and a successor to those who had ruled the country. He therefore wielded specific power there, as if the province were de facto a private

Palestine. À l'est du Nil, et notamment à hauteur de la moyenne vallée, le désert est différent: sa géologie, marquée par des plissements montagneux près de la Mer rouge, fournit d'importantes ressources minières (or, émeraudes, galène...), exploitées depuis l'époque pharaonique, et des carrières de pierres nobles dont les grands programmes urbanistiques de Rome allaient bénéficier. C'est aussi une zone parcourue de vallées dans lesquelles existent des points d'eau, et une voie de transit pour les marchandises venues de l'Inde, de la corne de l'Afrique, du Yémen (aromates, épices, bois précieux) vers le Nil et le marché méditerranéen. Enfin, au sud de la première cataracte, à Assouan, la vallée, réduite à un étroit ruban, donnait accès à la Nubie et au royaume de Méroë, souvent hostile. De ce côté, il fallait se protéger.

On conçoit, dès lors, que l'Égypte romaine n'ait jamais mis en place un *limes*, comme on en connaît en Europe. Déjà le géographe grec Strabon, au début de l'ère chrétienne, affirmait que le pays était protégé naturellement par de vastes déserts ; alors que les provinces limitrophes, sous l'Empire, étaient entre les mains de Rome, les menaces extérieures, assez réduites au demeurant, ne pouvaient venir que du sud. Mais il y avait aussi des dangers intérieurs, d'une autre nature : Alexandrie d'abord, ville populeuse et remuante, traversée par des fractures ethniques et religieuses, avec une importante communauté juive, où les troubles étaient fréquents; les grandes villes de la vallée, notamment Thèbes, qu'il fallait surveiller; les nomades du désert oriental, dont on voit croître le caractère agressif dès la fin du 1er siècle ap. J.-C. et qui constituèrent une véritable menace vers la fin du 3e siècle, au point de s'emparer de Koptos, dans la vallée, vers 280. On comprend donc quelles étaient les missions de l'armée romaine d'Égypte : contrôler ce pays fertile, principal grenier à blé de Rome, vital pour le pouvoir impérial; surveiller Alexandrie et les métropoles les plus remuantes; organiser l'exploitation du désert oriental et y assurer la sécurité; enfin, protéger la frontière méridionale.

« J'ai ajouté l'Égypte à l'Empire du peuple romain », écrit Auguste dans son testament. Du point de vue politique et administratif, l'Égypte, conquise en

66. An oasis landscape
Paysage des oasis

possession, which in strict law was far from the case. Civilian and military positions were therefore held by the Emperor's men acting in his name. Accordingly, the legions were commanded by equestrian prefects, not senatorial legates, and members of the Senate could not enter Egypt without imperial authorization to avoid any usurpation. The Roman army was therefore from very early on the mainstay of government in the country and an intrinsic part of its complex administrative system.

This most unusual geography also explains the history of research in the region, research that is currently undergoing wholesale renewal. In the land of the pharaohs, the archaeological study of Roman remains is still a secondary academic and touristic objective; besides, in the valley and the delta, Roman remains are poorly known and it is often difficult to determine their exact location, wherever they have not been destroyed by ancient or recent urban development.

30 av. J.-C, constituait une province particulière où l'Empereur —un magistrat, aux yeux de ses concitoyens— était considéré par les Égyptiens comme un pharaon, successeur de ceux qui avaient gouverné le pays. Il y disposait donc de pouvoirs spécifiques, comme si la province constituait, de facto, une possession privée, ce qui, en droit strict, était loin d'être le cas. Les offices civils et militaires étaient donc occupés par des hommes de l'empereur, qui agissaient en son nom. Ainsi les légions étaient-elles commandées par des préfets équestres, non par des légats sénateurs, les membres du Sénat ne pouvant pénétrer en Égypte sans autorisation impériale pour éviter toute usurpation impériale. L'armée romaine fut donc, très tôt, la colonne vertébrale du pouvoir dans ce pays, et impliquée dans son système administratif complexe.

Cette implantation géographique si particulière explique aussi l'histoire d'une recherche qui est actuellement en profond renouvellement. Au pays des

67. The landscape of the eastern desert
Paysage du désert oriental

In Nubia, the creation of the Aswan Dam meant that the Roman military outposts that had virtually never been excavated were lost forever. Therefore, the basis of our knowledge of the Roman army of Egypt has long been based on the imposing and exceptional mass of papyrus records that provided information unavailable elsewhere. For the last 30 years or so, however, the opening of the Eastern Desert has enabled various foreign missions to work at a large number of previously little or poorly documented sites, meaning an initial archaeological review can now be proposed. This renewal is all the more intense because it is furthered by the collection of new written records in the form of ostraca, very varied writings on amphora sherds. Emanating from military bureaus, they record various aspects of everyday life in the posts (lists of guards, rosters, post registers, passes, private letters, etc.) that were often different from those written on

pharaons, l'étude archéologique des vestiges romains reste un objectif scientifique et touristique secondaire; dans la vallée et le delta, d'ailleurs, on les connaît fort mal et leur localisation exacte est le plus souvent difficile, quand bien même ils n'ont pas été détruits par le développement urbanistique ancien ou récent. En Nubie, la création du barrage d'Assouan a fait disparaître pour toujours les postes militaires romains qui n'ont à peu près jamais été fouillés. Longtemps donc, le socle de nos connaissances sur l'armée romaine d'Égypte a été constitué par la masse imposante et exceptionnelle de la documentation papyrologique qui fournissait des renseignements inaccessibles ailleurs. Depuis une trentaine d'années, en revanche, l'ouverture du désert oriental a permis à différentes missions étrangères de travailler sur un grand nombre de sites jusqu'alors peu ou mal documentés, de sorte qu'on peut aujourd'hui en pro-

68. The fort of Deir Atrash in the eastern desert
Le fortin de Deir Atrash dans le désert oriental

papyrus. The sheer volume of this material (more than 15,000 new texts!), the study of which requires a highly specialised and very rare philological background, has naturally led to a new view of the everyday role and tasks of the Roman army of Egypt. As always, it has to be asked whether this information might apply to other provinces of the Empire.

poser un premier bilan archéologique. Ce renouvellement est d'autant plus intense qu'il s'accompagne de la collecte d'une documentation écrite nouvelle, les ostraca, des textes très divers rédigés sur des tessons d'amphores. Issus des bureaux militaires, ils documentent différents aspects de la vie quotidienne des postes (tours de garde, états d'effectifs, journaux de poste, laissez-passer, lettres privées...), souvent différents de ceux qu'on rencontre sur papyrus. L'énormité de ce matériel (plus de 15000 textes nouveaux !), dont l'étude suppose une formation philologique très spécialisée et fort rare, entraîne naturellement une vision très neuve du rôle et des tâches quotidiennes de l'armée romaine d'Égypte. Reste à se demander, comme toujours, si ces informations peuvent s'appliquer à d'autres provinces de l'Empire.

69. A miners' village in the eastern desert
Un village de mineurs dans le désert oriental

The garrison

A passage from Strabo tells us that the garrison, under Augustus, comprised three legions, nine cohorts and three cavalry units (*alae*). Of the three legions, one seems to have been at that time in Alexandria, another in Babylon (Old Cairo) and the third in Thebes (Luxor), but there remained only two after 23, quartered in Alexandria in the double camp of Nicopolis, according to Tacitus. These were the *XXII Deiotariana* and the *III Cyrenaica*. Of the nine cohorts, three guarded the strategically crucial Syene (Aswan), the others being spread around the country, as were the cavalry units, without hints at their locations. The legionary garrison was to be further reduced to just a single unit at the latest under Hadrian: as of 106, it seems, *III Cyrenaica* was in Arabia (now Jordan) at the time of the conquest of the Nabataean Kingdom. It was replaced by a new legion formed by Trajan, *II Traiana Fortis*, while the old *XXII Deiotariana* vanished without trace, possibly during the Second Jewish Revolt of 132–135, or even during the early 120s.

La garnison

Un passage de Strabon nous apprend que la garnison était, sous Auguste, de 3 légions, 9 cohortes, 3 ailes de cavalerie (*alae*). De ces trois légions, l'une semble avoir été alors à Alexandrie, l'autre à Babylone (Le Caire), la troisième à Thèbes (Luxor), mais il n'en restait plus que deux en 23 après J.-C., casernées à Alexandrie, dans le double camp de Nicopolis, selon Tacite. Il s'agit de la *XXII Deiotariana* et de la *III Cyrenaica*. Des neuf cohortes, trois gardaient le verrou de Syène (Assouan), les autres étaient réparties dans le pays, ainsi que les unités de cavalerie, sans que nous ayons de plus amples indications. La garnison légionnaire devait encore être réduite à une unité, au plus tard sous Hadrien : dès 106, semble-t-il, la *III Cyrenaica* est présente en Arabie (act. Jordanie) lors de la conquête du royaume Nabatéen. On trouve à sa place, à partir de 127, une nouvelle légion formée par Trajan, la *II Traiana Fortis*, tandis que la vieille *XXII Deiotariana* disparaît sans laisser de traces, peut-être pendant la seconde révolte juive de 132–135, voire dès le début des années 120.

Was this reduction in legionary numbers offset by an increase in auxiliary units? We have but a few military records to trace this development, the details of which remain uncertain. In 89 there were three cavalry regiments and seven cohorts. Of the cohorts, three still protected Syene and included mounted troops. It is not known, though, whether the *ala Apriana*, which had probably been in place since the time of Augustus, was still there as it was to be found in Thebaid under Trajan. Another record of 105 again mentions three cavalry regiments and seven cohorts, implying stable numbers of the garrison since Augustan times. In 156/61, total troop numbers rose, though, (four cavalry units and twelve cohorts), before falling back to four and nine respectively in 179. No thousand-strong unit is known in Egypt, but a number of cohorts were mounted, and auxiliary numbers must have fluctuated, towards the middle of the second century, at between 9000 and 10,000 men, with a good third being horsemen, while the single legion of Alexandria made up about half of this strength. All told, there was therefore a marked fall in overall troop numbers in the Roman army of Egypt, from 21,000/22,000 to 14,000/15,000 between the time of Augustus and the reign of Antoninus Pius. Subsequent changes are difficult to identify precisely, for want of documentation.

These land forces were supplemented by a navy. However, little is known about the *classis Alexandrina* based at Alexandria. Although there is scant evidence of its existence before Claudius, it is generally accepted that the naval squadron succeeded the Ptolemaic war fleet. It performed both military and police missions: ensuring the control of the African shore of the Mediterranean – it ranged as far as Cherchel in Algeria – and in the Levant, along the coast of Palestine, transporting troops, equipment and the high command, participating in military operations on the eastern front, and ensuring maritime connections in the Mediterranean. Conversely, no trace of it is to be found in the Red Sea, although infested by pirates, especially to the south, even if this may be just a gap in our sources. There was also a need to oversee the interior along the Nile, a mission the Ptolemaic kings had entrusted to the Jews who had been kept on by

Cette réduction des effectifs légionnaires a-t-elle été compensée par l'augmentation des unités auxiliaires? Nous ne disposons que d'un petit nombre de diplômes militaires pour suivre cette évolution qui reste incertaine dans le détail. En 89 ap. J.-C. sont comptées 3 ailes de cavalerie et 7 cohortes. Parmi ces dernières, trois protégeaient toujours Syène et comprenaient des éléments montés. On ne sait en revanche si l'*ala Apriana*, probablement en place depuis Auguste, était toujours là puisqu'on la retrouve en Thébaïde sous Trajan. Un autre diplôme de 105 mentionne encore 3 ailes de cavalerie et 7 cohortes, ce qui implique une stabilité numérique de la garnison depuis l'époque augustéenne. En 156/61, on note en revanche une augmentation des effectifs (4 ailes et 12 cohortes), qui redescendent respectivement à 4 et 9 en 179. Aucune unité milliaire (de 1000 hommes) n'est connue en Égypte, mais nombre de cohortes étant montées, les effectifs auxiliaires devaient osciller, vers le milieu du second siècle, entre 9000 et 10000 hommes, dont un gros tiers de cavaliers, alors que l'unique légion d'Alexandrie représentait à peu près la moitié de cette force. Au total, on assiste donc à une sérieuse diminution des effectifs globaux au sein de l'armée romaine d'Égypte, passée de 21000/22000 hommes à 14000/15000 entre l'époque augustéenne et le règne d'Antonin. L'évolution ultérieure est difficile à cerner précisément, faute de documentation.

À ces forces terrestres venait s'ajouter une marine. La *classis Alexandrina*, basée à Alexandrie, reste toutefois assez mal connue. Bien qu'on n'ait guère de témoignage de son existence avant Claude, on admet généralement que cette escadre a pris la succession de la flotte de guerre ptolémaïque. Ses missions étaient à la fois militaires et policières : assurer le contrôle de la Méditerranée sur le littoral africain – on trouve sa présence jusqu'à Cherchel, en Algérie – et au Levant, le long des côtes de Palestine, transporter des troupes, du matériel, de grands officiers, participer aussi aux opérations militaires du front d'Orient, assurer les liaisons maritimes en Méditerranée. En revanche, on ne trouve pas sa trace sur la Mer Rouge, pourtant infestée de pirates, surtout

the early emperors. It is not certain that this situation continued into the second century of our era, but neither is there any evidence that the *classis Alexandrina* operated on the river or ensured the traditional control of convoys of grain by water, for which it is essentially legionaries that are found.

It seems that few soldiers from Italy were recruited for the legions, even in the early years of the Empire (8%). All the documents available show a majority of Galatians (44%) and Egyptians probably from the three Greek cities of Alexandria, Ptolemaïs and Naucratis (13%) in the course of the first century. After 110, there was intense recruitment from Africa (50%), among Syrians (12%) and *ex castris* (soldiers' sons; 14%), figures that must be taken with caution. It is more difficult to specify the major trends in the recruitment of auxiliaries. A few salient facts are observed sporadically such as the abundance of Dacian or Thracian names in the posts along the Myos Hormos road towards the late first–early second centuries. A papyrus of September 117 reports the recruitment of 126 men from Asia within the *cohors I Augusta Lusitanorum*, but it must have been an exceptional event. Another dated between 193 and 197, indicates the origin and year of recruitment of a series of soldiers: mostly Egyptians and camp-born soldiers, which was common practice at the time. Mariners seem to have been recruited locally from the outset.

au sud, même si ce peut être lacune de nos sources. Il fallait aussi assurer la surveillance intérieure sur le Nil, une mission que les souverains ptolémaïques avaient confiée aux Juifs et qui avait été maintenue par les premiers empereurs. Il n'est pas certain que cette situation ait continué au 2ᵉ siècle de notre ère, mais on n'a pas non plus de preuve que la *classis Alexandrina* ait opéré sur le fleuve ni assuré le contrôle traditionnel des convois de blé par voie d'eau, pour lesquels ce sont surtout des légionnaires que l'on rencontre.

Le recrutement des légions montre peu de soldats originaires d'Italie, même au début de l'Empire (8%). L'ensemble des documents disponibles laisse percevoir, dans le courant du 1ᵉʳ siècle ap. J.-C. une majorité relative de Galates (44%) et d'Égyptiens, sans doute issus des trois cités grecques, Alexandrie, Ptolemaïs et Naucratis (13%). Après 110 ap. J.-C., on observe un fort recrutement africain (50%), de Syriens (12%), *d'ex castris* (fils de soldats; 14%), chiffres qui doivent être considérés avec prudence. On a plus de mal à préciser les grandes tendances du recrutement des auxiliaires. On constate, ponctuellement, quelques faits saillants, comme l'abondance des noms Daces ou Thraces dans les postes qui jalonnent la route de Myos Hormos, vers la fin du 1ᵉʳ siècle ou le début du second. Un papyrus de septembre 117 signale le recrutement de 126 hommes originaires d'Asie au sein de la *cohors I Augusta Lusitanorum*, mais il doit s'agir d'un événement exceptionnel. Un autre, daté entre 193 et 197, précise l'*origo* et l'année de recrutement d'une série de soldats : on y trouve pour l'essentiel des Égyptiens et des soldats nés dans les camps, une pratique normale pour cette époque. Quant aux marins, ils semblent avoir été recrutés localement dès l'origine.

70. Traditional Nile landscape and vegetation at Asswan

Paysage et végétation nilotiques traditionnels à Assouan

The distribution of troops across the territory

Towards the middle of the second century, two-thirds of the garrison of Egypt seems to have been in Upper Egypt and the Eastern Desert. The location, even approximate, of the various auxiliary *castella* (forts) is very poorly known, though, for want of archaeological information and stone inscriptions, despite abundant papyrological documentation that reveals there were many isolated soldiers, detached for tasks of police supervision or administration. We see for example from the petitions addressed to them by the civilian population in the event of violence or fraud, the importance of legionary centurions who were regularly stationed in the district capitals. This wealth of information should not be read as evidence in each instance of a military post with a defensive system. Moreover, we know practically nothing about the potential existence of tiny unfortified quarters in the *nomes* (districts), or even billeting among the population, which was a common practice in the Orient.

For the actual *castra*, we know from the papyrus records that the great fort of Nicopolis (Alexandria) accommodated several auxiliary units in turn beside the legion in the second century, as naturally did the region of Syene, even though we have little modern archaeological information. Similarly, at the southern tip of the delta, Babylon (Old Cairo) probably continued to shelter an auxiliary garrison after Augustan times. The fort of Koptos, at the point of departure of the two roads for the ports of Myos Hormos and Berenike on the Red Sea, is not precisely located but we are sure there was such a place. It was long occupied by the *ala Vocontiorum* from the first century until superseded by the *ala Thracum Herculiana*, between 183 and 185. It is suspected there was another such fort at Qena, at the starting point of the road to the Porphyrites and Claudianus quarries, but other hypotheses are possible. There must also have been a fort on the right bank opposite Edfu, at *Contrapollinopolis maior*; the same has been suggested for Esna (*Latopolis*) where substantial records concerning the army were discovered. Thebes (Luxor) must have maintained its fort close to the great temple of Ammon. It is likely too

La répartition des troupes sur le territoire

Vers le milieu du second siècle, les deux tiers de la garnison d'Égypte semblent s'être trouvés en Haute-Égypte et dans le désert oriental. L'emplacement, même approximatif, des différents *castella* auxiliaires est en revanche très mal connu, faute d'information archéologique et d'inscriptions lapidaires, malgré une abondante documentation papyrologique qui révèle nombre de militaires isolés, détachés pour des tâches de contrôle policier ou d'administration. On perçoit par exemple l'importance du rôle des centurions légionnaires régulièrement postés dans les métropoles à travers les pétitions que leur adresse la population civile en cas de violences ou de fraudes. Cette profusion d'informations ne doit pas conduire à penser qu'on a dans chaque cas l'indice d'un poste militaire doté d'un système défensif. En outre, on ignore à peu près tout de l'existence potentielle de très petits cantonnements non fortifiés dans les « nomes » (districts), voire de logements chez l'habitant, une pratique courante en Orient.

S'agissant des véritables *castra*, on sait par la documentation papyrologique que le grand camp de Nicopolis (Alexandrie) a hébergé successivement plusieurs unités auxiliaires à côté de la légion, au 2e siècle, ainsi naturellement que la région de Syène, sans pour autant que nous ayons beaucoup d'informations archéologiques modernes. De même, à la pointe sud du delta, Babylone (Le Vieux Caire) a sans doute continué d'abriter une garnison auxiliaire après l'époque augustéenne. Le camp de Koptos, au départ des deux routes vers les ports de Myos Hormos et de Bérénice, sur la Mer Rouge n'est pas précisément localisé mais son existence est assurée. Il a été occupé de manière durable par l'*ala Vocontiorum* dès le 1er siècle de notre ère jusqu'à son remplacement par l'*ala Thracum Herculiana*, entre 183 et 185. On en soupçonne un autre à Qena, au départ de la route qui mène vers les carrières du Porphyrites et du Claudianus, mais d'autres hypothèses sont possibles. Il devait aussi y avoir un *castellum* (fort) sur la rive droite en face d'Edfou, à *Contrapollinopolis maior*; on a aussi suggéré Esna (*Latopolis*), où a été

that the fertile Faiyum region was also garrisoned. In Nubia, a tablet evokes the *hiberna* (permanent fort) of the *cohors II Ituraeorum* at Pselkis, in 138. Conversely, no troops are known in the Western Desert before 213, from when the *ala Apriana* was quartered in the *oasis minor* (Bahariyah).

Recent archaeological records and the thousands of ostraca discovered in the Eastern Desert reveal the presence of a close-knit network of outposts, essentially in the Eastern Desert and also in Nubia. These were not *castra* or *castella* (forts) as known on the frontiers of Europe, occupied by a constituted unit, but fortlets called *praesidia* in the ostraca. They were designed to control the mines, quarries and watering-places and were guarded by detachments of soldiers who came out from the valley for a given time, meaning that the garrisons by the Nile always had some of their number scattered across desert outposts, a specificity of the army of Egypt. An ostracon from the *praesidium* of Didymoi on the Koptos-Berenike road, at the end of the first century, thus shows two comrades from the same cohort had been posted to neighbouring *praesidia*. Another mentions men on the spot probably being drawn from six separate units.

Nubia

Between Syene, the province's southern frontier, and Hierasykaminos further south stretched a buffer zone with the Meroitic Kingdom known as the Dodekaschoinos. The zone had to be controlled and the valley protected against incursions by Blemmyes nomads who could easily penetrate via wadi Allaqi, on the right bank. A good illustration of this everyday surveillance is provided by an ostracon of Mons Claudianus, which relates in particular, around 150: 'Longinus Priscus, curator of the *praesidium* of Parambola ('the camp')

découverte une importante documentation relative à l'armée. Thèbes (Louqsor) a dû conserver son camp, proche du grand temple d'Ammon. Il est probable que le fertile Fayoum a aussi reçu une garnison. En Nubie, une tablette évoque les *hiberna* (camp permanent) de la *cohors II Ituraeorum* à Pselkis, en 138. Dans le désert libyque, en revanche, on ne connaît pas de troupe avant 213, l'*ala Apriana* étant désormais cantonnée dans l'*oasis minor* (Bahariyah).

La documentation archéologique récente ainsi que les milliers d'ostraca découverts dans le désert oriental révèlent en revanche l'existence d'un réseau dense d'avant-postes, essentiellement dans le désert oriental mais aussi en Nubie. Il ne s'agit pas de *castra* (forteresse légionnaire) ou de *castella* (fort auxiliaire) comme on en connaît sur les frontières d'Europe, occupés par une unité constituée, mais de petits fortins appelés *praesidia* dans les ostraca. Destinés à contrôler les mines, les carrières et les points d'eau, ils étaient gardés par des détachements de soldats venus de la vallée pour un temps donné, ce qui fait que les garnisons cantonnées près du Nil avaient en permanence une partie de leurs effectifs dispersés dans les avant-postes du désert, une particularité de l'armée d'Égypte. Un ostracon du *praesidium* de Didymoi, sur la route Coptos-Bérénice, à la fin du 1er siècle, montre ainsi que deux camarades de la même cohorte avaient été expédiés dans des *praesidia* voisins. Un autre mentionne sur place des hommes probablement issus de six unités différentes.

La Nubie

Entre Syène, frontière méridionale de la province, et Hierasykaminos s'étendait une zone-tampon avec le royaume de Méroë, appelée le Dodédaschène. Il convenait de la contrôler, mais aussi de protéger la vallée contre les incursions des nomades Blemmyes qui pouvaient aisément pénétrer par le wadi Allaqi, sur la rive droite. Une bonne illustration de cette tâche de surveillance quotidienne est fournie par un ostracon du *Mons Claudianus*, qui rapporte notamment ceci, vers 150 ap. J.-C. : « Longinus Priscus, curateur du *praesidium* de Parambola (« le camp »)

in Dodekaschoinos, writes that, when ...ing the *praesidium* ... on 9 Pharmouthi, he spotted, on the Arabic bank, on the other side (of the Nile), five barbarians and two camels taking on water at the river side and heading downstream. Consequently, he wrote to the downstream bank to watch them.' The episode was minor indeed, but it can be seen that everything was noted and filed, communicated even over very long distances, much like what is revealed by an identical document from Bu Ngem in Libya. It is interesting to observe the use in this Greek text of the Latin term *ripa* to mean what appears here to be a river defensive line. Indeed, we know of a series of outposts on the western bank of the Nile strung along the river and controlling its crossings: Talmis (Kalabsha), Pselkis (Dakka), Hiera Sykaminos (Maharaqqa). In later times, the *Antonine Itinerary* was to mention bridgeheads on the right bank (*Contra Pselcis, Contra Talmis, Contra Tafis*). Only the camp of *Primis* (Qasr Ibrim), further south, lay on the right bank at the beginning of Augustan times. Unfortunately, our archaeological information on this sector of the southern frontier is all but non-existent.

en Dodécaschène, écrit que, en ...ant le *praesidium* ... le 9 Pharmouthi, il a aperçu, sur la rive arabique, de l'autre côté (du Nil), cinq Barbares et deux chameaux faisant provision d'eau au bord du fleuve et se dirigeant vers l'aval. En conséquence de quoi, il a écrit à la rive d'aval de les surveiller ». L'épisode est minuscule, mais on constate que tout est noté et archivé, communiqué même à très longue distance, à l'instar de ce que nous révèle un document identique de Bu Ngem, en Libye. On observera avec intérêt l'usage dans ce texte grec du mot latin *ripa* et de son emploi pour désigner ce qui apparaît ici comme une véritable ligne de défense fluviale. De fait, on connaît, sur la rive occidentale du Nil, une série d'avant-postes qui jalonnent le fleuve et en contrôlent le passage: Talmis (Kalabsha), Pselkis (Dakka), Hiera Sykaminos (Maharaqqa). À une époque plus tardive, l'*Itinéraire Antonin* mentionnera des têtes de pont sur la rive droite (*Contra Pselcis, Contra Talmis, Contra Tafis*). Seul le camp de *Primis* (Qasr Ibrim), plus au sud, était situé sur la rive droite, au début de l'époque augustéenne. Malheureusement, notre information archéologique sur ce secteur de la frontière sud est quasi nulle.

71. The cataract at Aswan today. To the right is the island of Elephantine

La cataracte à Assouan, aujourd'hui. À droite l'île d'Éléphantine

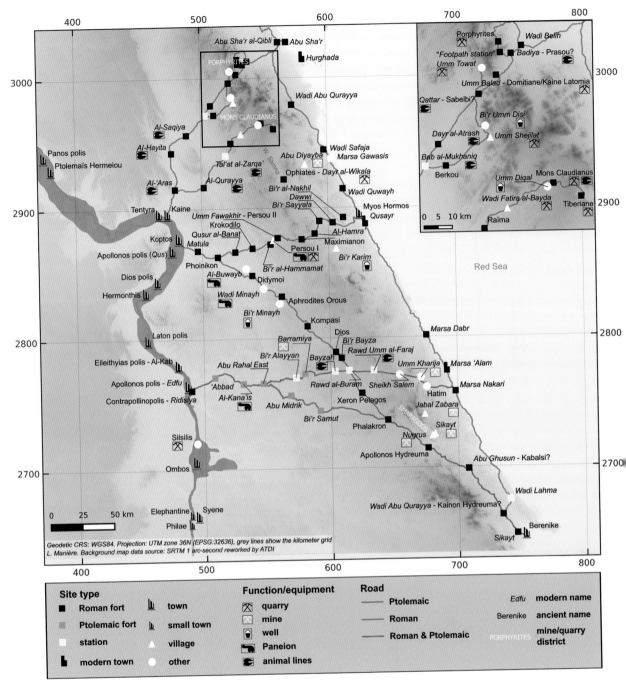

72. A detailed map of the Roman occupation in the eastern desert

Carte de détail de l'occupation romaine dans le désert oriental (© Louis Manière, ERC Desert Networks, 2020)

The mines and quarries of the Eastern Desert

The working of the gold seams that had been so intensive during Ptolemaic times does not seem to have continued on the same scale under the Empire. Conversely, stone quarrying in the Eastern Desert was one of the major missions of the Roman army of Egypt. An inscription from wadi Semna tells us that, from the end of the reign of Augustus or even earlier, a tribune of the legion *III Cyrenaica* was *eparch* (prefect) of Berenike, *archimetallarches* ('director') of emerald, topaz, 'pearl' and all the mining resources of Egypt. A little later, on 23 July 18, under Tiberius, Cominius Leugas discovered the deposit of red porphyry and the seam of black porphyry in the mountain range that was from then to bear the name of this very high-grade stone and was worked until the early fifth century. The very name of the other great quarry, that

Les mines et les carrières du désert oriental

L'exploitation des filons aurifères, si intense pendant l'époque ptolémaïque, ne semble pas avoir connu la même importance sous l'Empire. Celle des carrières de pierre du désert oriental a constitué en revanche l'une des grandes missions de l'armée romaine d'Égypte. Une inscription du wadi Semna nous apprend que, dès la fin du règne d'Auguste, voire plus tôt, un tribun de la légion *III Cyrenaica* était éparque (préfet) de Bérénice, archimétallarque (« directeur ») de l'émeraude, de la topaze, de la « perle » et de toutes les ressources minières d'Égypte. Un peu plus tard, le 23 juillet 18 de notre ère, sous Tibère, C. Cominius Leugas découvrait le gisement de porphyre rouge et le filon de porphyre noir dans le massif montagneux qui devait désormais porter le nomde cette pierre très noble, exploitée jusqu'au début du 5e siècle.

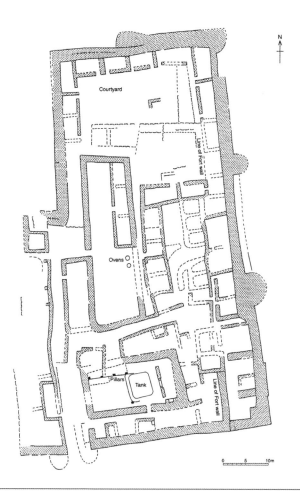

73. Plan of the fort of Mons Porphyrites

Plan du fort du Mons Porphyrites

74. The fort of Mons Porphyrites

Le fort du Mons Porphyrites

75. The fort at Mons Claudianus

Le fort au Mons Claudianus

of Mons Claudianus, implies a later discovery, with the inscription for the founding of the fort indicating the date 85–86. But the great period of quarrying came under Trajan, when the stone (granodiorite) served first for that emperor's constructions of the forum in Rome, and then up until the middle of the second century. It was under Domitian that the quarry of green granite (*granito verde fiorito di bigio*) of Umm Balad, in the Porphyrites massif, was discovered. In each of these cases, the army played an essential part, but its exact role is still to be clarified.

Le nom même de l'autre grande carrière, celle du *Mons Claudianus*, implique une découverte plus tardive, l'inscription de fondation du fort indiquant la date de 85–86. Mais la grande époque de l'exploitation se situe sous Trajan, la pierre (granodiorite) ayant servi d'abord aux constructions du forum de cet empereur, à Rome, puis jusque vers le milieu du 2e siècle. C'est aussi sous Domitien que fut ouverte la carrière de granite vert (*granito verde fiorito di bigio*) d'Umm Balad, dans le massif du Porphyrites. Dans chacun de ces cas, l'armée a joué un rôle essentiel, mais son rôle exact doit être précisé.

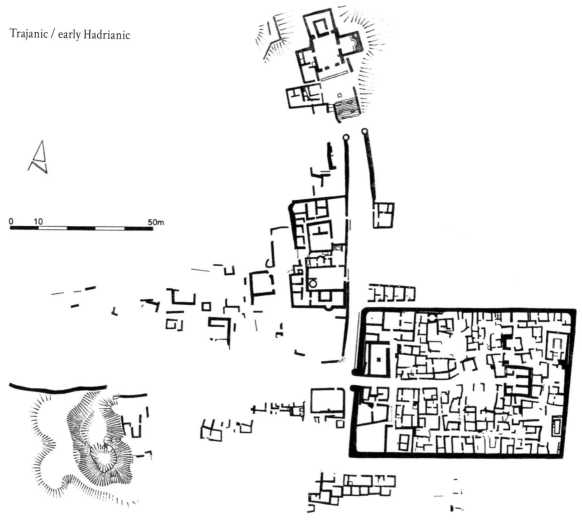

Trajanic / early Hadrianic

0   10   50m

76. Plan of the fort at Mons Claudianus

Plan du fort au Mons Claudianus (d'après T. Kraus et J. Röder)

77. The fort gate at Mons Claudianus with its clavicula
La porte du fort du Mons Claudianus, avec sa clavicula

78. L'*aedes principiorum* dans le fort du Mons Claudianus
The temple of the headquarters building in the fort of Mons Claudianus

A most exceptional ostracon discovered at Mons Claudianus provides us with the near complete organisation chart of the population on the site, around 110, by describing the daily water rations for each man. The total numbers of the *metallon* (quarry) can be pieced together as follows: of the 917 present, there were 60 soldiers (6.5%), 421 Egyptian workers (*pagani*) (45.9%) and 400 members of the imperial *familia* (slaves or freedmen) (43.6%). The post was commanded at the time by a centurion assisted by a decurion. So, soldiers did not supply labour in the quarries as is all too often believed. They ensured supervision, security, escorts and the mail service. For the workers, a new city (Kainè polis, now Qena) had been created on the Nile where their families lived and where bread was baked for them as part of their rations. They went there from time to time in their turn. Although we are not so well informed for other quarries in the Eastern Desert, it may be supposed there was a similar system which is reflected in the architectural organisation of the

79. The park for draft animals in the fort of Claudianus
Le parc pour les animaux de trait dans le fort du Mons Claudianus

Un très exceptionnel ostracon découvert au Mons Claudianus nous fournit en effet l'organigramme quasi complet de la population présente sur le site, vers 110 ap. J.-C., en décrivant les rations quotidiennes d'eau pour chaque homme. L'effectif total du *metallon* (carrière) peut être reconstitué de la manière suivante : sur 917 présents, on compte 60 soldats (6,5%), 421 ouvriers (*pagani*) égyptiens (45,9 %), 400 membres de la *familia* impériale (esclaves ou affranchis), soit 43,6 %. Le poste est commandé à cette époque par un centurion, assisté d'un décurion. Les soldats ne fournissaient donc pas la main d'œuvre dans ces carrières, comme on le croit trop souvent. Ils assuraient l'encadrement, la sécurité, les escortes, le courrier. Quant aux ouvriers, on avait créé pour eux une ville neuve (Kainè polis, act. Qena), sur le Nil, où résidaient leurs familles et où l'on cuisait le pain pour eux, sur leurs rations. Ils s'y rendaient périodiquement, à leur tour. Bien que nous ne soyons pas aussi bien renseignés pour les autres carrières du désert oriental, on peut postuler un système similaire, ce qui se

80. The tracks used for lowering the blocks near the fort of Claudianus
Rampe de descente des blocs près du fort du Claudianus

81. The large broken column in the Claudianus quarry
La grande colonne cassée dans la carrière du Claudianus

82. La porte d'Umm Balad, avec sa clavicule, et l'allée centrale

The gate of Umm Balad,with its clavicula, and the central entrance

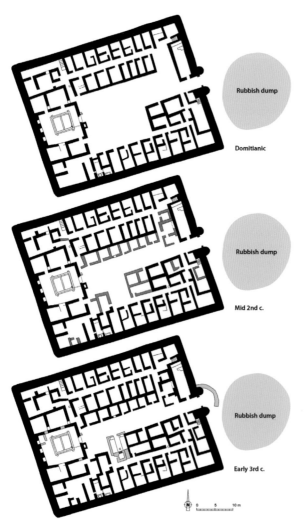

Rubbish dump

Domitianic

Rubbish dump

Mid 2nd c.

Rubbish dump

Early 3rd c.

0   5   10 m

83. The different periods of the *praesidium* of Umm Balad

Les différents états du *praesidium* d'Umm Balad

praesidia. For example, it is possible to reconstruct the fortlet of Umm Balad in its initial state: with a surface area of about 48 x 37 m (0.18 ha), the post was defended by a surrounding wall some 3.60 m high at the walkway, to which must be added the parapet that is still preserved in parts. The only gate, to the south--east, opened onto a central street that gave on to a cistern, buried in the courtyard of a large central building, closed at the end by a triple *cella*, that can only be likened to the temple of the headquarters building in forts. The officers' quarters can be identified in a block of adjoining buildings. 'Barracks' are found on either side of the central street; a granary, baths, a forge and stables have also been unearthed. The question is obviously whether or not workers were housed here with the soldiers when it is known there was a quarrymen's village in the mountains near the quarrying zones. It is generally considered that it was indeed the case. At the larger Mons Claudianus (75.5 x 70.5 m, i.e. 0.53 ha), there was more than enough room for the soldiers alone, but probably not enough for the 917 men present under Trajan, and some of them probably had to be housed elsewhere, especially in the ancillary 'village' close to the fort.

Here we observe a genuine local particularity of these outposts of the Eastern Desert of Egypt, given over to the exploitation of quarries: an architecture that is hardly to be found elsewhere on the frontiers

84. The parapet walk of Umm Balad
Le chemin de ronde d'Umm Balad

traduit dans l'organisation architecturale des *prae-sidia*. On peut par exemple reconstituer celle d'Umm Balad dans son premier état : avec une superficie d'environ 48 x 37 m (0,18 ha), le poste était défendu par une enceinte haute de 3,60 m au niveau du chemin de ronde, à laquelle il faut ajouter le parapet, encore partiellement préservé. La porte unique, au sud-est, ouvre sur une allée centrale qui donne accès à une citerne, enterrée dans la cour d'un grand bâtiment central et fermée, au fond, par une triple *cella* (chapelle), que l'on doit assimiler à l'*aedes principiorum* (le temple) des camps, situé dans le bâtiment de commandement (*principia*). Le logement des officiers peut être identifié dans un bloc de constructions adjacentes. De part et d'autre de l'allée centrale apparaissent des « casernements » ; un *horreum* (grenier), des thermes, une forge, une écurie ont aussi été mis au jour. La question est évidemment de savoir si des ouvriers logeaient à cet endroit, avec les soldats, alors qu'on connaît, dans la montagne, près des zones d'extraction, un village de carriers. On considère généralement que c'était bien le cas. Au mons Claudianus, plus vaste (75,5 x 70,5 m, soit 0,53 ha), il y avait trop de place pour les militaires seuls, mais sans doute pas assez pour les 917 hommes présents sous Trajan, et il fallait sans doute en loger une partie ailleurs, notamment dans le « village » annexe proche du *praesidium*.

85. The cistern of Umm Balad
La citerne d'Umm Balad

86. The chapel of Umm Balad
La chapelle d'Umm Balad

of the Empire, a limited garrison, but specific facilities, such as pens for the draught animals that hauled the enormous blocks hewn from the mountain down to the Nile, and not to the Red Sea, although it was closer, because of the prevailing winds preventing northwards navigation. Emphasis should also be placed on the division of labour among civilians, the military and the members of the imperial *familia*. Another great ostracon from Claudianus tells us that the pay of the *pagani* in these quarries, which was higher than that of manual workers in the valley, came to about half that of a legionary. In addition, they received a ration of wheat and wine but had to buy their own oil and vegetables. We also find many Jewish names in these desolate places. Rather than men condemned to hard labour, the context and records suggest these were free workmen. A drawing on an ostracon shows Moses in a scene from Exodus (4, 1-5) in which his staff changes into a snake and vice versa.

87. The track descending from the quarries at Umm Balad
Piste descendant des carrières à Umm Balad

88. General view of the quarry of Umm Balad
Vue générale de la carrière d'Umm Balad

On constate ici une réelle particularité locale de ces avant-postes du désert oriental d'Égypte, voués à l'exploitation des carrières : une architecture qu'on ne rencontre guère ailleurs sur les frontières de l'Empire, une garnison limitée, mais des installations spécifiques, comme ces parcs pour les animaux de trait qui tiraient les énormes blocs extraits de la montagne et les descendaient vers le Nil, et non vers la Mer Rouge, pourtant plus proche, en raison du régime des vents. On doit aussi souligner la division des tâches entre civils, militaires et membres de la *familia* impériale. Un autre grand ostracon du Claudianus nous apprend que la paie des *pagani* dans ces carrières, supérieure à celle des ouvriers de la vallée, équivalait plus ou moins à la moitié de celle d'un légionnaire. Ils recevaient en outre une ration de blé et du vin, mais devaient se procurer leur huile et leurs légumes. On trouve aussi, dans ces lieux désolés, beaucoup de noms juifs. Plutôt qu'à des condamnés aux travaux forcés, le contexte et la documentation font songer à des travailleurs libres. Un dessin sur ostracon montre Moïse dans une scène de l'Exode (4, 1-5) au cours de laquelle son bâton se transforme en serpent et vice versa.

89. Moses holding his staff transformed into a snake
Moïse tenant son bâton transformé en serpent

90. Cut blocks at Umm Balad
Blocs taillés à Umm Balad

91. The fort at Badia and the park for the animals in the area of Porphyrites
Le fort de Badia et le parc pour les animaux, dans le secteur du Porphyrites

The eastern trade trails

Strabo, who had travelled in Egypt shortly after the conquest, tells us that it was Ptolemy II Philadelphus (died 246 BC) who supposedly first opened up a route for his army between Koptos on the Nile and Berenike on the Red Sea, establishing way-stations along this desert track with no watering places. The reason was supposedly that it was difficult for ships to sail far to the north because of the winds that were unfavourable to navigation. He wrote (under Augustus) 'Now all merchandise from India and Arabia and those of Ethiopian products that take the Arab Gulf are brought to Koptos, which is a trading place for commodities of this sort'. But Strabo went on to tell of a second port further north, Myos Hormos, it too linked to Koptos by a road and a second point of arrival on the Nile at *Contrapollinopolis Magna*/Edfu. He concluded, 'Before, caravans used to travel at night guided by the stars and, like sailors, they took water with them for their journey; but now watering points have been made by digging to great depths and rainwater is collected too, although it is hardly abundant. The journey takes six or seven days'.

Les pistes du commerce oriental

Strabon, qui avait voyagé en Égypte peu après la conquête romaine, nous apprend que c'est Ptolémée Philadelphe (mort en 246 av. J.-C.) qui aurait, le premier, ouvert pour son armée une route entre Coptos, sur le Nil, et Bérénice, sur la Mer Rouge, installant sur cette piste désertique dépourvue de points d'eau des stations d'étape. La raison en aurait été la difficulté pour les bateaux à remonter loin vers le nord, à cause des vents, défavorables à la navigation. « Maintenant, écrit-il (sous Auguste), toutes les marchandises d'Inde et d'Arabie, ainsi que ceux des produits éthiopiens qui empruntent le golfe arabique sont acheminés vers Coptos, qui est une place de commerce pour cette sorte de denrées ». Mais Strabon va plus loin en faisant état d'un second port plus au nord, Myos Hormos, lui aussi relié à Coptos par une route, et d'un second point d'arrivée sur le Nil, à Contrapollinopolis Magna/Edfou. « Auparavant, conclut-il, les caravaniers se déplaçaient de nuit en s'orientant sur les étoiles et, comme les marins, ils emmenaient aussi de l'eau pour leur voyage; mais maintenant on a aménagé des points d'eau en creusant à une grande profondeur et l'on recueille aussi les eaux de pluie, bien que celles-ci soient peu abondantes. Le trajet prend 6 ou 7 jours ».

92. The rock sanctuary in the wadi Menih el-Heir

Le sanctuaire rupestre du wadi Menih el-Heir

Today we know that the port of Myos Hormos was at Quseir al-Qadim, so that the roads Strabo mentions were three in number: the Koptos/Berenike trail; the Koptos/Myos Hormos trail, which was the shorter, and shared part of its route with the former; and the Edfu/Berenike trail.

It is well documented that the trails were frequented by caravans that made stopovers in rock shelters, for example, south of the *praesidium* of Didymoi, on the walls of a small rock shrine covered with inscriptions left by travellers. We encounter in particular a certain C. Numidius Eros returning from India in February or March of 2 BC; Lysas, a freedman of Annius Plocamus, dated his stopover as 5 July in the year 6. It is often supposed that it was the same Annius Plocamus one of whose freedmen had been blown by gales as far as Ceylon, according to Pliny's report. Other freedmen of Italian merchants also stopped at this shrine. Elsewhere, this time on the Myos Hormos road, the rocks of the famed gorge of wadi Hammamat still display the name of one C. Peticius, an Italian merchant whose funeral monument in the Abruzzi in

On sait aujourd'hui localiser le port de Myos Hormos à Quseir al-Qadim, de sorte que les routes mentionnées par Strabon sont au nombre de trois : la piste Coptos/Bérénice; la piste Coptos/Myos Hormos, la plus courte, commune avec la précédente sur une partie de son parcours; la piste Edfou/Bérénice.

La fréquentation des pistes par des caravanes qui faisaient halte dans des abris sous roche est bien documentée par exemple, au sud du *praesidium* de Didymoi, sur les parois d'un petit sanctuaire rupestre couvertes d'inscriptions laissées par les voyageurs. On y rencontre notamment un certain C. Numidius Eros, revenu d'Inde en février ou mars 2 av. J.-C. ; Lysas, affranchi d'Annius Plocamus, date son passage du 5 juillet 6 ap. J.-C. On suppose souvent qu'il s'agit là du même Annius Plocamus dont un affranchi avait été entraîné par la tempête jusqu'à Ceylan, au témoignage de Pline. D'autres affranchis de *negotiatores* italiens sont aussi présents dans ce sanctuaire. Ailleurs, sur la route de Myos Hormos cette fois, les rochers du célèbre défilé du wadi Hammamat laissent encore voir le nom d'un certain C. Peticius, un mar-

93. Inscription carved on the walls of the rock sancutary of the wadi Menih el-Heir

Inscriptions gravées sur les parois du sanctuaire rupestre de wadi Menih el-Heir

Italy is decorated with a dromedary, an unmistakable sign the deceased traded with the Orient. The trade must have been of Italian wine for the seasonings or perfumes of those remote lands that were worth their weight in gold on the Roman market. At that early time, the north of the road network had no fortified stations; only the part south-east of Edfu yields traces of earlier facilities, in the location of Apollonos Hydreuma, in the fortlet close to the shrine of El-Kanais or in the gold mines of Samut, dated to Ptolemaic times. An important set of ostraca, drafted at Myos Hormos between 6 and 62 and known as the archive of Nicanor, reveal the existence of camel transport enterprises in this desert.

A famed inscription of Koptos appears to testify to the army taking control of this territory. It mentions the soldiers of the two legions of Alexandria, three cavalry regiments and seven cohorts that despatched a detachment of an estimated 120 legionaries, 424 cavalrymen and 788 infantry, not counting the officers. Although the inscription is undated, a good many epigraphic clues suggest an early date, from the beginning of the Empire. Those troops built and dedicated the cisterns (lacci) of Apollonos Hydreuma, Compasi, Berenike and Myos Hormos, and built and restored the fort at Koptos. Regardless of how obscure and patchy the text, we see here the earliest military facilities on these trails for which archaeology has still not yielded any tangible trace.

Pliny the Elder, in a famous passage in which he explains the full route enabling traders to make the return trip to India in a year thanks to the reversal of the monsoon winds, describes a part of the track between Koptos and Berenike, saying nothing in passing of that of Myos Hormos. The trip, made above all at night, lasted twelve days. Pliny, writing towards the end of the Julio-Claudian period, mentions eight stages, known as hydreuma, a technical term here indicating stations with wells. Yet archaeological prospecting and the ancient itineraries have revealed a greater number of them.

The pleasant surprise came from comparison of epigraphic discoveries made by several international teams. An inscription recently discovered at Sikayt in

chand italien, dont le monument funéraire, dans les Abruzzes, en Italie, est décoré d'un dromadaire, signe indubitable des trafics du défunt avec l'Orient. L'échange devait se faire entre le vin italien et les aromates ou les parfums de ces pays lointains qui se revendaient à prix d'or sur le marché romain. À cette époque ancienne, le nord du réseau routier était encore dépourvu de stations fortifiées; seule la partie au sud-est d'Edfou livre des traces d'équipements plus anciennement datés, au lieu-dit Apollonos Hydreuma, dans le fortin situé près du sanctuaire d'El-Kanais ou dans les mines d'or de Samut, d'époque ptolémaïque. Un important dossier d'ostraca, rédigés à Myos Hormos entre 6 et 62 de notre ère et connus sous le nom d'archive de Nicanor, montre l'existence de firmes de transport chamelier dans ce désert.

Une célèbre inscription de Koptos témoigne sans doute de la prise en main de ce territoire par l'armée. Y sont mentionnées les soldats des deux légions d'Alexandrie, de trois ailes et sept cohortes qui ont envoyé une vexillation estimée à 120 légionnaires, 424 cavaliers et 788 soldats, sans compter les officiers. Bien que cette inscription ne soit pas datée, un bon nombre d'indices épigraphiques laissent supposer une chronologie haute, du début de l'Empire. Ces soldats ont édifié et dédié les citernes (lacci) d'Apollonos Hydreuma, de Compasi, de Bérénice et de Myos Hormos, édifié et restauré le camp de Coptos. Quelles que soient les obscurités et les lacunes de ce texte, on perçoit ici les premiers aménagements militaires de ces pistes, dont pourtant l'archéologie ne livre toujours pas de trace tangible.

Pline l'Ancien, dans un passage célèbre où il explique le trajet complet qui permet aux négociants de faire en une année l'aller et retour vers l'Inde, grâce à l'inversion de la mousson, décrit une partie de la piste entre Koptos et Bérénice, ignorant au passage celle de Myos Hormos. Le trajet, effectué surtout de nuit, dure douze jours. Pline qui écrit vers la fin de l'époque julio-claudienne, mentionne huit étapes, appelés « hydreuma », nom technique qui indique ici les stations munies d'un puits. Pourtant la prospection archéologique et les itinéraires antiques en ont révélé un nombre plus important.

94. A large inscription at Sikayt recording the building campaign by the prefect Iulius Ursus in the Desert of Berenice

Grande inscription de Sikayt, mentionnant la campagne de constructions du préfet Iulius Ursus dans le désert de Bérénice (*AE* 2001, 2051)

the region of Berenike shows that, in the ninth year of the Emperor Vespasian (i.e. 76/77), Iulius Ursus, prefect of Egypt, returning from Berenike, gave the order to dig a well (at the place of the inscription). Once water was reached, he had a fort (*praesidium*) and cisterns (*lacus*) built, under the directions of the *praefectus montis Ber(e)nicidis*, the prefect of the Desert of Berenike, who was at the same time the prefect of the *ala* of Koptos. For that same year another inscription was unearthed in the post of Didymoi, further north, bearing the same text, that was already known from a third identical epigraphic text of Aphrodites. However, these three stations were unknown to Pliny. To this list, we can add a final inscription, this time dated to the Trajanic period, signalling the date of foundation of the *praesidium* of Dios, in 114–115. It can be concluded inevitably that this route was developed gradually by the army between the early first and early second centuries.

These fortlets were not all absolutely identical but they were built to common standards. It should first be emphasised that they were built around a well, characterising their function as stopping places and stag-

La bonne surprise est venue d'une confrontation entre des découvertes épigraphiques effectuées par plusieurs équipes internationales. Une inscription récemment découverte dans la région de Bérénice à Sikayt montre que, la 9e année de l'empereur Vespasien (soit 76/77 ap. J.-C.), Iulius Ursus, préfet d'Égypte, revenant de Bérénice, a donné l'ordre de creuser un puits (sur le lieu de l'inscription). Une fois l'eau atteinte, il a fait construire un fort (*praesidium*) et des citernes (*lacus*), sous la direction du *praefectus montis Ber(e)nicidis*, le préfet du désert de Bérénice qui était en même temps celui de l'aile de Koptos. Mais, la même année était mise au jour dans le poste de Didymoi, plus au nord, une autre inscription portant le même texte, qu'on connaissait déjà par un troisième texte épigraphique identique d'Aphrodites. Ces trois stations sont en revanche ignorées de Pline. À cette liste, on ajoutera une dernière inscription, cette fois datée de Trajan, qui signe la date de fondation du *praesidium* de Dios, en 114–115. On en conclut inévitablement que cette piste a été aménagée de manière progressive par l'armée, entre la fin le début du 1er siècle de notre ère et celui du second.

N

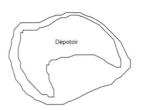

Dépotoir

ing posts. The watering place lay within an enclosure of about 50 m x 50 m surrounded by a dry-stone wall a little over 3 m high (to the walkway). A single gate allowed access, although sometimes a postern was to be found. An important feature was that the gate and the corners were flanked by small semi-circular towers as from the time they were first built under the Flavians, giving the lie to the date of late Antiquity generally attributed to defences of the kind. All the barracks backed onto the ramparts, with or without antechambers. Small bath houses have almost always been found in these posts. Each of the fortlets was under the protection of a *genius loci*, such as the *Castores* at Didymoi or *Iovis*/Zeus at Dios.

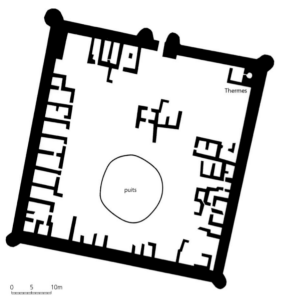

Thermes

puits

0 5 10m

95. Plan of the *praesidium* of Maximianon/al-Zarqa

Plan du *praesidium* de Maximianon/al-Zarqa

abreuvoirs

Citerne

Citerne

Citerne

Citerne

aedes 2

bain

puits

N

aedes 1

0 5 10m

96. Plan of the *praesidium* of Didymoi

Plan du *praesidium* de Didymoi

Ces fortins ne sont pas strictement identiques entre eux, mais ils obéissent à des normes communes. On doit d'abord souligner qu'ils sont construits autour d'un puits, ce qui caractérise leur fonction de station routière et d'étape. Ce point d'eau est entouré d'une enceinte en pierres sèches soigneusement construite d'environ 50 m x 50 m, et d'un peu plus de 3 m de hauteur (au chemin de ronde). Une seule porte permet d'accéder vers l'intérieur, bien qu'on trouve parfois une poterne. Caractéristique importante, cette porte et les angles sont flanqués de petites tours rondes semi-circulaires dès leur construction, sous les Flaviens, ce qui dément la chronologie tardo-antique qu'on attribue généralement à ce type de défense. Tous les casernements sont adossés au rempart, avec ou sans antichambre. De petits balnéaires ont presque toujours été mis au jour dans ces postes. Chacun de ces fortins était placé sous la protection d'un *genius loci*, par exemple les *Castores* à Didymoi, ou *Iovis*/Zeus à Dios.

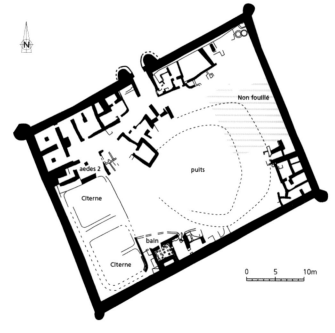

97. Plan of the *praesidium* of Xeron

Plan du *praesidium* de Xeron

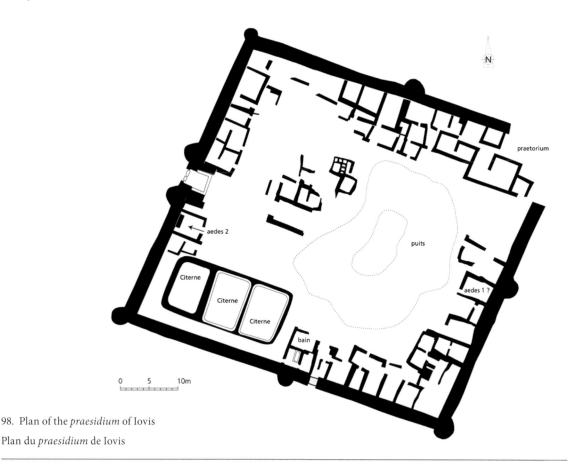

98. Plan of the *praesidium* of Iovis

Plan du *praesidium* de Iovis

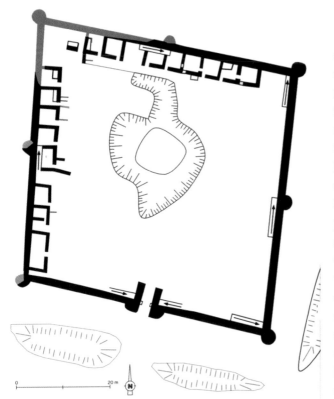

99. Plan of the *praesidium* of Duwwi

Plan du *praesidium* de Duwwi

Water was obviously the central element and the *raison d'être* of these stations. The wells, which have almost always collapsed forming gigantic sand funnels, have not been excavated for want of adequate technical resources in the middle of the desert; accordingly, it is not known how water was drawn from them. It is just about certain that the shaduf could not be used because of the depth of the water table, nor could a saquieh, for lack of space, although buckets have sometimes been found. However, in several places, internal cisterns are found for storing water and supplied by a series of channels running from the well. At Didymoi the storage capacity was increased from 120 m³ to more than 380 m³ by the construction of more cisterns. From these, a conduit through the rampart fed the outside water troughs for the caravan animals. Camels were therefore kept outside and the men inside, except when the post had an adjoining building as at Falakron. An ostracon from Maximianon (Al-Zarqa) tells us the name given to the corner rooms

100. Plan of the *praesidium* at Krokodilö

Plan du *praesidium* de Krokodilô

L'eau était évidemment l'élément central, la raison d'être de ces stations. Les puits, presque toujours effondrés et formant un gigantesque entonnoir sableux, n'ont pas pu être fouillés, faute de moyens techniques adéquats au milieu du désert; on ignore donc le mode de puisage. Il est à peu près certain que les shaduf ne pouvaient être utilisés, en raison de la profondeur de la nappe phréatique, ni les saquieh, faute de place, bien que des godets aient parfois été mis au jour. On observe en revanche à plusieurs reprises la présence de citernes internes destinées à stocker l'eau et alimentées par une série de canaux venant du puits. À Didymoi, ces citernes ont été multipliées à la suite de plusieurs reconstructions qui ont fait passer la capacité totale de stockage de 120 m³ à plus de 380. De là, un conduit à travers le rempart permettait d'alimenter des abreuvoirs externes pour les animaux des caravanes. Les chameaux étaient donc parqués à l'extérieur, les hommes à l'intérieur, sauf

101. View of the fort at Iovis on the route to Berenice
Vue du fortin de Iovis, sur la route de Bérénice

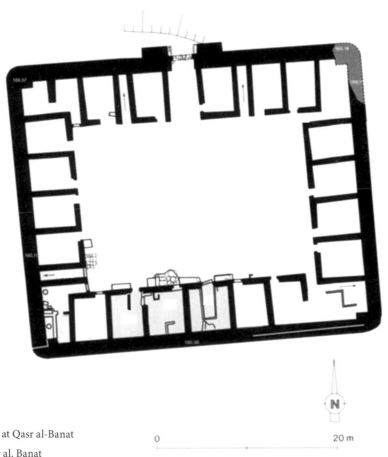

102. Plan of the *praesidium* at Qasr al-Banat
Plan du *praesidium* de Qasr al. Banat

0   20 m

103. View of the fort of Duwwi on the route to Myos Hormos

Vue du fortin de Duwwi, sur la route de Myos Hormos

104. Crenellations at the fort of al-Zarka

Créneaux du fortin d'al-Zarqa

105. View of the fort of Falacro on the track to Berenice. To the right are the *hospitalia*

Vue du fortin de Falacro, sur la piste de Bérénice. À droite, les *hospitalia*

106. The enclosure at Falacro

L'enceinte de Falacro

107. The entrance to the *praesidium* at Qasr al-Banat

L'entrée du *praesidium* de Qasr al-Banat

(*coxae*) of the fort, making it possible to ascertain their functions: the bath, granary, conduit, commander's house corner rooms. At Dios the latter was decorated by a coloured-stone mosaic, the only 'luxury' granted to the officer, with larger living quarters. In the barrack rooms the fixtures and fittings must have been very basic and made up of wooden furniture, mats and chests of which hardly any traces remain. Roofing must have been of reeds or woven vegetation imported from the valley and then covered with mud.

quand le poste disposait d'un établissement annexe, comme à Falakron. Un ostracon de Maximianon (Al-Zarqa) nous apprend le nom donné aux pièces d'angle (*coxae*) du fort, ce qui permet l'identification fonctionnelle des pièces : le coin des thermes, celui de l'*horreum*, celui du conduit, celui du *praetorium* (les quartiers du chef de poste). À Dios, ce dernier était décoré d'une mosaïque de pierres colorées, seul « luxe » accordé à l'officier, avec un logement de fonction plus vaste. Dans les chambrées l'équipement devait être très rudimentaire et constitué de meubles de bois, de nattes, de coffres qui n'ont guère laissé de traces. Leur couverture devait être faite de roseaux ou de végétaux tressés importés de la vallée, puis recouverts de boue.

108. The cisterns at Didymoi. The well is on the left

Les citernes de Didymoi. Le puits est à gauche

109. Mosaics in the commander's house at Iovis

Mosaïques du *praetorium* de Iovis

110. The cistern at Iovis in the first period

La citerne de Iovis, au premier plan à g.

111. The baths at Didymoi. The well is in the background

Les thermes de Didymoi. Le puits est à l'arrière-plan

112. The baths at Iovis
Les thermes de Iovis

This was where the Empire's eastern trade transited, a traffic of luxury goods that left no archaeological trace in the places along the trails, only in the coastal harbours, and about which the ostraca are virtually silent. However, the renowned 'tariff of Koptos' dated to 90, which attests to the existence of a toll gate at the starting point of the track, does evoke them in taxing each man heading for 'the interior', that is the desert, with a caravan one drachma. This inscription incidentally tells us that there were soldiers' wives in the desert, who paid 20 drachmas to pass, and who were set clearly apart from prostitutes taxed at 108 drachma. So people did not circulate as they wished in the desert and passes were required to journey there. Such documents, already known from Mons Claudianus, have also been found at Didymoi on the Berenike road and at the toll barrier of that port.

C'est là que passait le commerce oriental de l'Empire, un trafic de produits de luxe qui n'ont laissé strictement aucune trace matérielle sur ces pistes – on n'en connaît que dans les ports – et dont les ostraca ne parlent pratiquement pas. Le célèbre « tarif de Coptos », daté de 90 ap. J.-C., qui atteste l'existence d'un péage au départ de la piste, les évoque en revanche en taxant d'une drachme chaque homme montant « à l'intérieur » (dans le désert) avec une caravane. Cette inscription nous apprend au passage qu'il y avait aussi, dans ce désert, des femmes de soldats, qui payaient 20 drachmes pour passer, et explicitement distinguées des prostituées, taxées à 108 drachmes. On ne circulait donc pas comme on voulait, dans ce désert, et les déplacements devaient faire l'objet d'un laissez-passer. De tels documents, déjà connus au Mons Claudianus, ont aussi été trouvés à Didymoi, sur la route de Bérénice et à la barrière de péage de ce dernier port.

N° 67 (Koptos) : la pierre.

113. The "tarif" of Koptos

Le « tarif » de Koptos (d'après A. Bernand, *Les portes du désert*, Paris, 1984, n° 67)

The ostraca provide on the other hand a wealth of information about the troops' everyday life. These posts were commanded by *curatores*, a term that indicates a function exercised by officers of very varied ranks. But here numbers were small and rosters never exceeded 20 names. A handful of horsemen (about three) maintained outside links, carrying news and sometimes fresh food including fish for the officers, travelled from post to post. Troops could be stationed for very long periods, which the men regularly complained of when not relieved, and we know of a stretch of five months at the *praesidium* of Krokodilo. Rations supplied by the army seem to have been limited to wheat, barley and cereal chaff, obviously for the mounts. But *curatores* were not always honest and an ostracon from Dios attests to the filing of a complaint with the desert prefect: 'each artabe, we received it 1 mation [that is one twelfths of an artabe] short, and full of filth and water, the horsemen's barley is a mation short and their chaff twelve minae by weight light' (before 183). These rations were to be taken from the post's granary and do not seem to have differed markedly from those known in Europe. Hay, however, was probably bought on the private market. The troops must also have been able to procure other fresh produce from the *conductor* (dealer), when there was one, if we are to believe an ostracon from Xeron, which reads: 'Aphroditous to Boubas, his brother, greetings. … And then, please, everything you can find where you are, buy it for me and send it, because we are in great distress here. There is no dealer'... So there was nothing to buy on the spot. Another document from Dios tells us that the local *conductor* attributed vegetables to whoever he wished, at his whim. This title was probably not applicable to a soldier but to a civilian. Various intermediaries were to be encountered on the desert tracks. One, named Philokles, is well known from a set of private letters revealing a diversified business. An obliging middleman and sutler, he travelled from post to post supplying vegetables here, wine there, and chickens to soldiers who wanted to improve their staple fare. It seems there was wine enough, judging from the enormous number of broken amphorae that littered the waste tips and

Les ostraca fournissent en revanche une masse d'informations sur la vie quotidienne des soldats. Ces postes étaient commandés par des *curatores*, un terme qui indique une fonction exercée par des gradés de rang très divers. Mais ici les effectifs étaient modestes et les tableaux de service ne dépassent jamais 20 personnes. Une poignée de cavaliers (environ 3) servait aux liaisons externes, rapportant les nouvelles et parfois des vivres frais, notamment du poisson pour les gradés, qui circulaient de poste en poste. Les périodes de stationnement pouvaient être très longues, ce dont se plaignaient régulièrement les hommes quand ils n'étaient pas relevés, et on connaît une durée de 5 mois dans le *praesidium* de Krokodilo. Les rations dues par l'armée semblent avoir été limitées au blé, à l'orge et à la balle de céréales, cette dernière étant destinée évidemment aux montures. Mais le curateur n'était pas toujours honnête et un ostracon de Dios atteste le dépôt d'une plainte auprès du préfet du désert : « chaque artabe [unité de mesure], nous la recevons diminuée d'1 mation [1/12ᵉ d'artabe], et de surcroît pleine de saletés et d'eau, l'orge des cavaliers est diminuée d'un mation et leur balle de douze mines pondérales » (avant 183 ap. J.-C.). Ces rations étaient à prendre dans l'*horreum* du poste et elles ne semblent pas avoir sensiblement différé de celles qu'on connaît en Europe. Le foin, en revanche, était sans doute acheté sur le marché privé. Les soldats devaient pouvoir se procurer aussi d'autres produits frais auprès du *conductor*, quand il y en avait un, si l'on en croit un ostracon de Xéron, qui dit ceci : « Aphroditous à Boubas, son frère, salut. … Et puis, je t'en prie, tout ce que tu trouveras chez toi, achète-le moi et envoie-le, parce que nous sommes en pleine détresse, ici. En effet, il n'y a pas de concessionnaire »…. Il n'y avait donc rien à acheter sur place. Un autre document de Dios nous apprend que le *conductor* local attribuait les légumes à qui il voulait, selon son caprice. Ce titre ne s'applique probablement pas à un militaire mais à un civil. On rencontre en effet différents intermédiaires sur ces pistes du désert. L'un d'eux, nommé Philoklès, est bien connu par toute une série de lettres privées qui montrent une activité multiforme. Intermédiaire

114. Hat made of pieces of wool worn under the helmet (*cento*), discovered in the store-room at Didymoi

Bonnet fait de pièces de lainage porté sous le casque (*cento*) découvert dans le dépotoir de Didymoi

115. Painted leather of shield cover showing gazelles runing to the right discovered at Didymoi

Cuir peint (revêtement de bouclier ?) figurant des gazelles courant à d. découvert à Didymoi

116. Section through the rubbish dump at Iovis

Coupe du dépotoir de Iovis

they may have been among the products soldiers could purchase locally. For meat, they fed above all on swine reared locally amid the waste heaps just outside the *praesidia* gates, which could hardly have fostered collective hygiene.

But some form of entertainment had to be found. The ostraca inform us about the existence of networks of prostitutes who 'did the rounds' among posts under a contract for hire. There was even a special tax on prostitution, the *quintana*; we learn in passing of the first names of these ladies, their squabbles and their stories. The obliging Philokles supplied everything…

These facilities of garrison life in the Eastern Desert cannot distract from military tasks proper. An excellent example is provided by an outstanding item from the rubbish heap of Krokodilo, on the Myos Hormos road, the so-called 'barbarian amphora'. This is a series of circulars copied on the same medium. We learn of: 1/ the attack on the *praesidium* of *Pat-koua* (location unknown) by a band of 60 barbarians

obligeant, notre homme, véritable vivandier, allait de poste en poste, fournissait ici des légumes, là du vin, ici des poulets à ces soldats qui voulaient améliorer leur ordinaire.

Pour le vin, il y en avait, si l'on en croit l'énorme quantité d'amphores cassées qui jonchent les dépotoirs, et ils entraient peut-être dans la catégorie des produits qu'un soldat pouvait retirer localement contre paiement individuel. Pour la viande, on se nourrissait surtout des porcs élevés sur place, à même les dépotoirs situés directement devant la porte des *praesidia*, ce qui ne devait guère favoriser l'hygiène collective.

Mais il fallait bien se distraire. Les ostraca nous renseignent aussi sur l'existence de réseaux de prostituées qui « tournaient » entre les postes, au terme d'un contrat de location. Il existait même un impôt spécial sur la prostitution, la *quintana*; nous apprenons au passage le petit nom de ces dames, leurs querelles, leurs histoires. L'obligeant Philoklès fournissait tout…

117. Ostraca in the dump at Iovis
Ostraca dans le dépotoir de Iovis

(Bedouins), on 13 March 118. They abducted a woman and two children; 2/ a letter from the prefect to the *curatores* (station chiefs) of the *praesidia* on the *Myos Hormos* road, dated 26 March 118. They were ordered to ensure the protection of travellers; 3/ a report on the follow-up to this affair that saw a battle between the kidnappers and the troops sent after them, with the losses incurred. Finally, the Bedouins were vanquished. The desert prefect issued his instructions as follows: 'Arruntius Agrippinus to the station chiefs of the fortlets on the Myos Hormos road, [greetings] ... I hasten to advise you so that you heighten your vigilance of your own (?) and others (?) and that, to all those who carry supplies from *Koptos* with my written permission, you provide good escort so as to deprive the barbarians of any opportunity to do harm. When you have read this letter, pass it on without delay from fortlet to fortlet.'

One can feel throughout the Early Empire the growing insecurity within this desert that had still

Ces aménités de la vie de garnison dans le désert oriental ne sauraient faire oublier les tâches proprement militaires. Un excellent exemple nous en est fourni par une pièce exceptionnelle issue du dépotoir de Krokodilo, sur la route de Myos Hormos, « l'amphore des barbares ». Il s'agit d'une série de circulaires successives recopiées sur un même support. On y apprend:1/ l'attaque du *praesidium* de *Patkoua* (non localisé) par une bande de 60 barbares (bédouins), le 13 mars 118. Ceux-ci ont enlevé une femme et deux enfants ; 2/ une lettre du préfet aux *curatores* (chefs de poste) des *praesidia* de la route de *Myos Hormos*, datée du 26 mars 118. Ordre leur est donné d'assurer la protection des voyageurs ; 3/ un rapport sur les suites de cette affaire qui a vu une bataille entre les ravisseurs et les troupes lancées à leur poursuite, avec les pertes subies. Finalement, les bédouins ont été vaincus. Le préfet du désert donne ses instructions de la manière suivante : « Arruntius Agrippinus aux curateurs des fortins de

been peaceful in Strabo's time. The situation was not identical everywhere. Under the reign of Hadrian, the commissioning of a new road (*via nova Hadriana*) between Antinooupolis (in the middle valley) and Berenike was celebrated by an inscription mentioning wells, staging posts and fortlets. This track, that crossed the desert in a straight line towards the Red Sea, before following the coast, was without military installations along its first stretch to the east. The way was simply cleared of stones, if we are to believe the prospecting done in this sector, proving that no need for protection was felt in this region at the time. Conversely, the maritime stretch is poorly known and it may be that fortlets of the period have escaped notice.

la route de Myos Hormos, [salut]... Je me hâte de vous en informer afin que vous redoubliez de vigilance concernant les vôtres (?) ainsi que les autres personnes (?) et que, à tous ceux qui transportent du ravitaillement depuis *Coptos* avec ma permission écrite, vous fournissiez de solides escortes afin d'ôter aux barbares toute occasion de nuire. Lorsque vous aurez lu la présente lettre, faites-la circuler sans tarder de fortin en fortin ».

On sent en effet, pendant tout le Haut-Empire, croître l'insécurité au sein de ce désert, encore paisible au temps de Strabon. La situation n'était d'ailleurs pas identique partout. Sous le règne d'Hadrien, la mise en service d'une nouvelle route (*via nova Hadriana*) entre Antinooupolis (dans la moyenne vallée) et Bérénice fut célébrée par une inscription qui mentionne des puits, des stations d'étapes et des fortins. Cette piste, qui traverse le désert en droite ligne vers la Mer Rouge, avant de longer la côte, est pourtant dépourvue d'installations militaires dans son parcours initial vers l'est. La voie a simplement été soigneusement épierrée, si l'on en croit les prospections menées dans ce secteur, preuve qu'on ne sentait pas alors, dans cette région, le besoin de se protéger. Dans sa partie maritime, elle est en revanche assez mal connue et il est possible que des fortins de cette époque aient échappé à l'attention.

118. 'The barbarian amphora' discovered at Krokodilo
« L'amphore des barbares », découverte à Krokodilô

Towards late Antiquity

The Myos Hormos road gradually declined in importance towards the late second century, but essentially because the port silted up rather than for reasons of security. From the early third century, a series of architectural transformations was observed, though, in the fortlets of the Desert of Berenike and as far as the quarry zone further north. First, the defences of the gates and ramparts were reinforced with the addition of an outer *clavicula* at Mons Claudianus and Umm Balad, while the entrance was narrowed at Maximianon. But the most perceptible changes appeared late in Severan times with the internal layout of the *praesidia*, which speaks reams about the internal changes in the Roman garrison of Egypt: from this time on it can be seen that parts of the inner barracks were no longer occupied but they were used as

Vers l'antiquité tardive

La route de Myos Hormos perd progressivement de son importance vers la fin du second siècle, mais ceci est dû essentiellement à l'envasement du port plus qu'à des problèmes de sécurité. Dès le début du 3e siècle, on observe en revanche une série de transformations architecturales dans les fortins du désert de Bérénice, et jusque dans la zone des carrières plus au nord. Tout d'abord, un renforcement de la défense des portes et des remparts avec l'adjonction d'une *clavicula* externe au Mons Claudianus ou à Umm Balad, un rétrécissement de l'entrée à Maximianon. Mais les changements les plus perceptibles apparaissent à la fin de l'époque sévérienne dans l'agencement même de l'intérieur des *praesidia*, ce qui en dit long sur l'évolution interne de la garnison romaine d'Égypte: à partir de cette époque, on voit

119. Silos in the courtyard of Iovis in the late levels

Silos dans la cour de Iovis, niveaux tardifs

120. The ovens in the final levels of Iovis

Les fours dans les ultimes niveaux de Iovis

121. The second temple at Didymoi, dedicated to Serapis

Deuxième *aedes* de Didymoi, dédiée à Sarapis

dumps; the floors, regularly cleaned until then, rose rapidly. Pens for small livestock and poultry proliferated and archaeozoology confirms a change in meat consumption, now primarily sheep-meat. A rapid division of pre-existing spaces is observed, giving rise to plans that hardly resemble Roman military posts anymore.

There was a clear religious change. Whereas an ostracon from Didymoi, dated between 176 and 220, still mentioned the decoration of the '*principia* of our lords', no further trace is found of these shrines in the *praesidia* of the Berenike track, which were systematically replaced by other premises. However, in two cases, it can be seen that one internal chamber was demolished and replaced by a new cult space in honour of Zeus Helios Megas Sarapis, a cult that developed in military circles with specifically Egyptian traits. At Didymoi, for example, a good part of the equipment and decoration found is typically vernacular. At Dios it is more mixed and the statuary is perched on a high podium, behind a baldachin that probably housed the post's *vexillum* (flag), but in the final phase of occupation, oracular practices are also

en effet qu'une partie des casernements internes n'est plus occupée mais qu'on y jette les ordures; les sols, jusque-là régulièrement nettoyés, montent rapidement. On voit proliférer les enclos pour le petit bétail et la basse-cour, et l'archéozoologie confirme une modification de la consommation carnée, où la viande ovine domine désormais. On observe une division rapide des espaces préexistants, ce qui donne naissance à des plans qui ne ressemblent plus guère à des postes militaires romains.

L'évolution religieuse est nette. Alors qu'un ostracon de Didymoi, daté entre 176 et 220, évoquait encore la décoration des « *principia* de nos seigneurs », on ne retrouve plus, dans les *praesidia* de la piste de Bérénice, la trace de ces sanctuaires, systématiquement remplacés par d'autres locaux. On observe en revanche dans deux cas, à la place de casernements détruits, l'édification d'un nouvel espace cultuel en l'honneur de Zeus Helios grand Sarapis, un dieu qui s'est développé dans le milieu militaire, avec des traits proprement égyptiens. À Didymoi, par exemple, une bonne partie du matériel et du décor retrouvé est typiquement vernaculaire. À Dios, il est plus mêlé

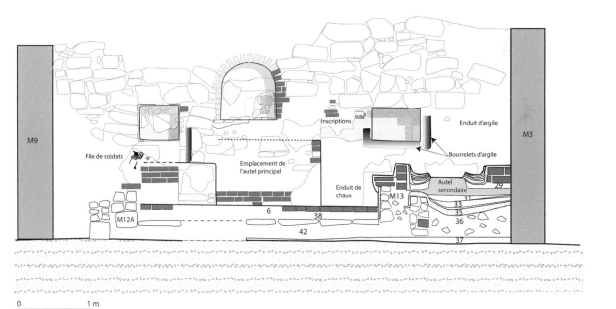

122. Section through the second temple at Didymoi, dedicated to Serapis

Deuxième *aedes* de Didymoi, dédiée à Sarapis, coupe

123. Horus the soldier found in the temple at Didymoi

Horus soldat, *aedes* de Didymoi

125. Iovis, plaque oraculaire de l'*aedes*

The oracle plaque of the temple at Iovis

124. The head of Sarapis in the temple at Didymoi

Tête de Sarapis, *aedes* de Didymoi

known. At Xeron it seems Athena was worshiped. At Umm Balad, in the quarries, the original shrine was also abandoned to be replaced by a new cult building.

The nearby presence of Blemmyes is well attested by a set of ostraca found in the uppermost layers at Xeron on the Berenike track. The texts mention a certain Baratit, *hypotyrannos* (minor king) of the barbarians in a regnal year, possibly 232 but more probably 264. It is notable that the 'army' distributed wheat and even bread to them, a situation already recognised at the neighbouring fort of Dios, where the number of ovens were increased, becoming far too many to feed the meagre local garrison. It is therefore quite possible that peace was bought for food.

Is it this situation of insecurity that explains the presence of a system of watch towers along the Myos Hormos road in the Eastern Desert? They made it possible to communicate by sight but unfortunately no dates can readily be attributed to them; it cannot even be determined whether they actually operated. The taking of Egypt by the Palmyrenians in 270 was anyway to put an end to Roman military presence in this desert.

126. The second temple at Iovis, period 1

Deuxième *aedes* de Iovis, état 1

127. The temple at Qusûr al-Banat

Aedes de Qusûr al-Banat

et la statuaire est juchée sur un haut podium, derrière un baldaquin qui abrite probablement le *vexillum* (drapeau) du poste, mais on y connaîtra aussi, dans la dernière phase de l'occupation, des pratiques oraculaires. À Xèron, c'est apparemment Athéna qui était vénérée. À Umm Balad, dans les carrières, le sanctuaire originel est lui aussi abandonné au profit d'une nouvelle installation cultuelle.

La présence proche des Blemmyes, est bien attestée par un dossier d'ostraca découvert dans les dernières couches de Xèron, sur la piste de Bérénice. Ces textes mentionnent un certain Baratit, « hypotyrannos » (roitelet) des barbares, en une année régnale qui nous conduit soit en 232, soit, plus probablement, en 264. Il est notable que l'« armée » leur distribue du blé, voire du pain, ce que l'on avait déjà observé dans un fort voisin, celui de Dios, où l'on constate une multiplication de fours, bien trop importante pour nourrir la maigre garnison locale. Il est donc très possible qu'on achetait alors la paix contre de la nourriture.

Est-ce à cette situation d'insécurité que l'on doit la présence d'un système de tours de guet dans le désert oriental, sur la route de Myos Hormos? Celles-ci permettaient de communiquer à vue ne sont malheureusement guère datées ; on ne sait même pas si elles ont véritablement fonctionné. La prise de l'Égypte par les Palmyréniens, en 270, allait mettre définitivement fin, de toute façon, à la présence militaire romaine dans ce désert.

128. Detail of the temple at Iovis, period 2, the fixing of the statue's foot on the podium

Détail de l'*aedes* de Iovis, état 2, scellement du pied de la statue sur le podium

129. The second temple at Umm Banat

Deuxième *aedes* d'Umm Balad

130. The watch-tower to the right on the top, is on the route to Myos Hormos

Tour de guet, en haut à d., sur la piste de Myos Hormos

Late Antiquity

As throughout the Empire, the late third century was particularly difficult in Egypt where it was marked at the same time by the substantial surge of Christianity. Of the confused events of this troubled time, the revolt of Alexandria and the usurpation by L. Domitius Domitianus in 297–298 are noteworthy. This secession was put down by Diocletian himself who, after besieging and re-taking the capital, went up the Nile as far as Syene with a large expeditionary force, probably re-organising all of the military garrisons along the way, although certain measures may have been taken before that date. Preparations for the journey and the logistics it involved are described in the famed dossier of two papyri of Panopolis, in Sir Chester Beatty's collection. The restored defensive scheme led to the final abandonment of the buffer zone of the Dodekaschoinos, south of Syene, the creation of a province of Thebaid, separate from the rest of Egypt, new settlements in the valley, defensive works for the oases and also for the approaches to the delta. However, the sources we have for this period are infinitely fewer than for the Principate and often of a different nature.

L'Antiquité tardive

Comme dans tout l'Empire, la fin du 3e siècle a été particulièrement difficile en Égypte, marquée en même temps par l'essor considérable du christianisme. Des événements confus de cette période troublée, on retiendra essentiellement la révolte d'Alexandrie et l'usurpation de L. Domitius Domitianus en 297–298. Cette sécession fut matée par Dioclétien lui-même qui, après le siège et la reprise de la capitale, remonta le Nil jusqu'à Syène avec une importante force expéditionnaire, réorganisant probablement au passage l'ensemble des garnisons militaires, bien que certaines mesures aient pu être prises avant cette date. Les préparatifs de ce voyage et la logistique qu'il entraîna sont décrits dans le fameux dossier des deux papyrus de Panopolis, dans la collection de Sir Chester Beatty. Le dispositif défensif restauré conduisit à un abandon définitif de la zone tampon du Dodécaschène, au sud de Syène, à la création d'une province de Thébaïde, séparée du reste de l'Égypte, à de nouvelles implantations dans la vallée, à la mise en défense des oasis mais aussi des approches du delta. Toutefois, les sources dont nous disposons pour cette période sont infiniment moins nombreuses que pour l'époque du Principat, et souvent d'une nature différente.

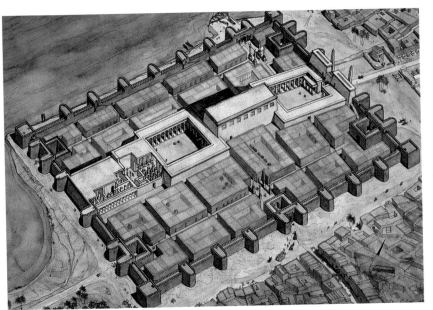

131. Water-colour painting in the tetrachic fort at Luxor. The temple of Ammon occupies the whole of the central ground

Aquarelle figurant le camp tétrarchique de Louqsor. Le temple d'Ammon occupe toute la partie centrale

Much of our information rests on the greatly re-worked late document from the early fifth century, the *Notitia Dignitatum*. It is a catalogue of the main civilian and military officers of the late Empire, with the troops available to each unit commander and their location. Nevertheless, it is generally considered that, for Egypt at least, this review reflects in part the situation inherited from Diocletian's reforms. The list, like the rest of our documentation, gives the impression of a general reduction in the strength of the units garrisoning the productive areas of the country, which was entirely under Roman control. However, there was no longer any permanent occupation in the Eastern Desert, which does not mean that the army did not operate there at all.

Une grande partie de notre information repose en effet sur ce document tardif du début du 5ᵉ siècle, maintes fois remanié, qu'est la *Notitia Dignitatum*. Il s'agit, on le sait, d'un catalogue des principaux officiers civils et militaires de l'Empire tardif, avec les troupes à disposition de chaque commandant d'unité et leur localisation. Néanmoins, on considère général-ement que, pour l'Égypte tout au moins, cet état des lieux reflète en partie la situation héritée des réformes de Dioclétien. Il ressort de cette liste, mais aussi du reste de notre documentation, l'impression d'une réduction généralisée des effectifs au sein des uni-tés qui tenaient garnison dans le pays, entièrement quadrillé. On ne rencontre plus, en revanche, d'occu-pation permanente dans le désert oriental, ce qui ne signifie pas que l'armée n'y circulait plus du tout.

132. The north-west gate of the fort at Luxor
La porte nord-ouest du camp de Louqsor

133. The temple of the fort at Luxor

L'*aedes* du camp de Louqsor

Two new legions appeared in Thebaid, the *I Maximiana* and the *III Diocletiana*. The former seems to have been concentrated on the southern frontier, the second divided among several garrisons in the valley, especially at Luxor. The old *II Traiana* still had its base camp at Alexandria, but with detachments in the valley. It is also known that during the late Empire the hierarchy between legions and auxiliary troops faded. The conjunction of these various phenomena means there were probably no longer large concentrations of troops at any one point save for Syene, the gateway to the south.

Our archaeological knowledge is limited to a few sites not all of which have been excavated. We shall begin with two very unconventional emplacements since they re-used pharaonic monuments. This was the case in particular at Luxor where the great temple of Ammon was fortified by an enclosure of mud bricks (268/249 m x 207/202 m) and flanked by horseshoe towers as soon as Diocletian took back Egypt. The gates were duplicated by an inner gate forming an

Deux nouvelles légions apparaissent en Thébaïde, la *I Maximiana* et la *III Diocletiana*. La première semble avoir été concentrée à la frontière méridionale, la seconde divisée en plusieurs garnisons de la vallée, notamment à Louqsor. La vieille *II Traiana* continuait d'avoir son camp de base à Alexandrie, mais avec des détachements dans la vallée. On sait par ailleurs que, pendant l'Empire tardif, la hiérarchie entre légions et troupes auxiliaires s'est estompée. Ces différents phénomènes conjugués font qu'il n'y avait probablement plus de grandes concentrations de soldats en un point donné, sauf à Syène, verrou de la frontière méridionale.

Nos connaissances archéologiques sont limitées à quelques sites, qui n'ont pas tous été fouillés. On commencera par deux installations très peu classiques puisqu'elles réutilisent en fait des monuments pharaoniques. C'est le cas notamment à Louqsor, où le grand temple d'Ammon a été entouré d'une enceinte en briques crues (268/249 m x 207/202 m), flanquée de tours en fer à cheval, dès la reprise de l'Égypte

134. Reconstruction drawing of the figure decorations in the temple at Luxor

Reconstitution du décor figuré de l'*aedes* de Louqsor (J. Deckers, d'après les aquarelles de J.G. Wilkinson)

inside courtyard designed to block assailants. Side posterns allowed sallies. The most curious and most interesting is in the ancient royal Kâ chapel, transformed by the troops into the temple of the headquarters building which we know quite well from the paintings it still houses, surveyed earlier by J.G. Wilkinson in the nineteenth century. They illustrate the *adventus* (triumphal arrival) and possibly the *adlocutio* (solemn address) of the emperors, depicted in a central niche protected by a pink granite baldachin. The four tetrarchs wear the purple *paludamentum* (cloak) and have haloes; the one in the centre left (Diocletian) holds the globe in his hand. An eagle flies above them.

At Elephantine, on an island in the middle of the Nile, the old pharaonic temple of Khnum was also fortified and re-used by the army. The other defences in the sector of Syene are poorly known. A little further north, though, recent excavations at Nagg El-Haggar have unearthed a fort beside the Nile. The enclosure (142 x 142 m), made of mud bricks, is flanked by a square tower at each corner and a series of U-shaped towers along the curtain wall. Three of the four walls have gates of dressed stone and the roads through them met in the centre of the fort. The road from the Nile is lined with columns and leads, close to the eastern curtain wall, to a tall octagonal monument, preceded by an entrance hall. It is a new architectural

par Dioclétien. Les portes sont munies d'une contre-porte arrière qui forme une cour intérieure destinée à bloquer un assaillant. Des poternes latérales permettaient les sorties. L'ensemble le plus curieux mais aussi le plus intéressant est formé par l'ancienne chapelle du Kâ royal, transformée par les soldats en *aedes principiorum*, que nous connaissons assez bien à la fois par les peintures qu'elle contient encore et qu'avait relevées autrefois J.G. Wilkinson. Elles illustrent l'*adventus* (arrivée triomphale) et peut-être l'*adlocutio* (discours solennel) des empereurs, représentés dans une niche centrale protégée par un baldaquin en granit rose. Les quatre tétrarques portent le *paludamentum* pourpre (manteau) et sont nimbés; celui du milieu, à gauche (Dioclétien) tient le globe dans sa main. Un aigle vole au-dessus d'eux.

À Éléphantine, dans l'île située au milieu du Nil, le vieux temple pharaonique de Khnoum a lui aussi été fortifié et réutilisé par l'armée. Les autres défenses du secteur de Syène sont en revanche mal connues. Un peu plus au nord, toutefois, des fouilles récentes à Nagg El-Haggar ont mis au jour un fort situé en bordure du Nil. L'enceinte (142 x 142 m), construite en briques crues, est flanquée d'une tour carrée à chaque angle et d'une série de tours en U le long de la courtine. Trois des quatre fronts sont percés d'une porte en pierre de taille, ce qui forme un car-

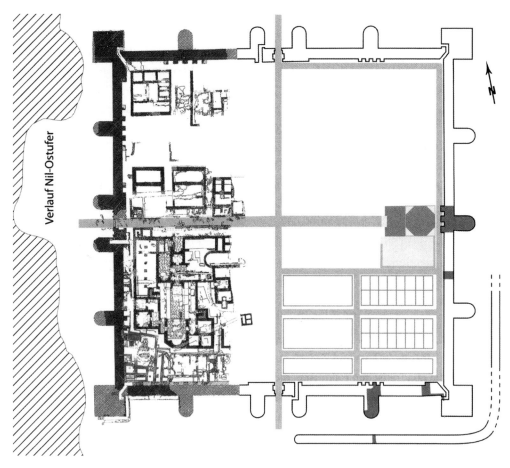

135. Plan of the tetrarchic fort at Nagg el Haggar

Plan du camp tétrarchique de Nagg el Haggar (d'après M. Mackensen)

form of the temple of the headquarters building. Also noticeable, on the river side, is the presence of a palace that must have housed a senior officer or even the emperor. This is a unique case, and it is not yet certainly known that it was strictly contemporary with the construction of the fort, attributed to the tetrarchic period.

This new military architecture is also observed in a small series of forts that have been excavated. In the Faiyum, at Qasr Qarun, the *castra Dionysiados* is laid out in a rectangle of 83 x 70 m, with an enclosure of mud bricks, flanked by square projecting towers at the corners and U-shaped towers close to the gate and on two of the fronts. The entrance, made of dressed stone blocks, opens into a courtyard followed by a second gate that opens onto a colonnaded

refour de voies au centre du camp. Celle qui vient du Nil est jalonnée de colonnes et conduit, près de la courtine orientale, à un haut monument en forme d'octogone, précédé par un hall d'entrée. Il s'agit là d'une forme architecturale nouvelle de la chapelle cultuelle des *principia*. On remarque aussi, du côté du fleuve, la présence d'un véritable palais, qui devait abriter les services d'un officier de haut rang, voire de l'empereur. Il s'agit là d'un cas unique, dont il n'est pas encore formellement prouvé qu'il soit strictement contemporain de la construction du camp, attribué à l'époque tétrarchique.

Cette nouvelle architecture militaire s'observe aussi dans une petite série de forts qui ont été fouillés. Dans le Fayoum, à Qasr Qarun, les *castra Diony-siados* présentent un plan rectangulaire de 83 x 70 m,

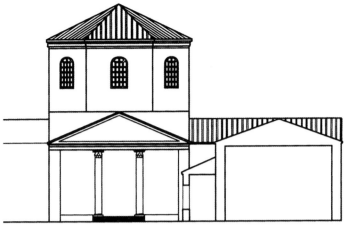

136. Section through the temple of the tetrarchic fort at Nagg el Haggar

Coupe de l'*aedes* du camp tétrarchique de Nagg el Haggar (d'après R. Franke)

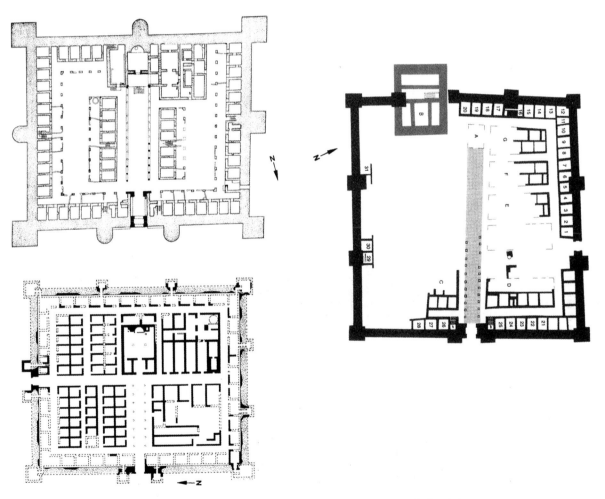

137. Comparative plans of the tetrarchic forts at Qasr Qarun (Dionysias), Tell el-Herr and Abu Sha'ar

Plans comparés des camps tétrarchiques de Qasr Qarun (Dionysias), Tell el-Herr et Abu Sha'ar

street. Finally comes a high podium atop which stands the temple marked by an apse. The barracks either backed onto the rampart or were formed of free-standing blocks behind the colonnaded street. However, a recent survey of archival documents shows the piecemeal character of this construction. Its dating to the tetrarchic period is in need of confirmation by modern excavation.

It is also from its layout that we date the fort of Tell el-Herr (*Magdolum*), at the eastern tip of the delta. This *castellum*, built on the ruins of a Persian and then a Hellenistic fortress, forms a 90 x 90 m quadrilateral. The enclosure, made of mud bricks, is flanked by square towers straddling the rampart. The single gate once again gives on to a central street lined with columns. The barracks are laid out on either side and against the curtain wall. It is dated after year 9 of Diocletian's rule by a coin found in the enclosure. We turn now to another example, that of Abu Sha'ar, north of Hurgada, on the Red Sea, which has the advantage of being well dated by an inscription of 309–311. The stone-built enclosure (77.5 x 64 m), which sits on the sea shore, contains regular set of buildings. It is flanked by projecting rectangular towers. Two entrances are clearly visible, providing access for two roads that cross in the fort's centre. The east-west road, lined with columns, leads to a church, before

avec une enceinte en briques crues, flanquée de tours saillantes carrées aux angles et en U près de la porte et sur deux des fronts. L'entrée, en pierres de taille, donne accès à une cour suivie d'une contre-porte qui ouvre sur une voie à colonnades. Vient enfin un haut podium sur lequel est juché le bâtiment de la chapelle, marqué par une abside. Les casernements sont adossés au rempart ou forment des blocs indépendants derrière la voie à colonnade. Une enquête récente sur les documents d'archive montre toutefois l'hétérogénéité de cette construction dont la datation à l'époque tétrarchique demanderait à être confirmée par des fouilles modernes.

C'est aussi au vu du plan qu'on date le fort de Tell el-Herr (*Magdolum*), à l'extrémité orientale du delta. Ce *castellum*, édifié sur les ruines d'une forteresse perse, puis hellénistique affecte la forme d'un rectangle de 90 x 90 m. L'enceinte, édifiée en briques cuites, est flanquée de tours carrées à cheval sur le rempart. La porte unique donne accès, une fois de plus, à une allée centrale jalonnée de colonnes. De part et d'autre, ainsi que contre la courtine s'organisent les blocs de baraques. La datation est postérieure à l'année 9 de Dioclétien, fournie par une monnaie prise dans l'enceinte. Venons-en maintenant à un autre exemple, celui d'Abu Sha'ar, au nord d'Hurgada, sur la Mer Rouge, qui a l'avantage d'être bien

138. The colonnade leading from the gate to the podium at the fort of Qasr Qarun

Colonnade menant de la porte au podium du camp de Qasr Qarun (image d'archive, IFAO)

139. The fort at d'Abu Sha'ar
Le fort d'Abu Sha'ar

which the headquarters building probably stood. The barracks, fairly conventionally, are laid out in the intermediate area and against the enclosure wall.

This pivotal period also saw the emergence of a series of fortifications in the oases of the Western Desert that were little defended if at all until then, except for the one at Bahariya from the Severan period. The only one that is well dated is that of Qaret el-Toub, in that same oasis. Its fragmentary inscription seems to belong to a series of three dedications apparently bearing the same text and that can be dated to 288 and therefore earlier than the revolt of L. Domitius Domitianus. They were found in three very remote places: the first at Tell Abu Seifi, just south of Tell el-Herr, the second in the middle valley at Deir el-Gabrawi near Manfalout, and the third at Bahariya. The fort was square (sides about 64 m long), built of mud bricks and flanked at the corners, mid-way along the curtain walls and on either side of the gate by round

daté par une inscription de 309–311. L'enceinte (77,5 x 64 m), construite en pierres au bord de la mer, enferme un ensemble régulier de constructions. Elle est flanquée de tours rectangulaires saillantes. Deux entrées sont bien visibles, donnant accès à deux axes qui se croisent au centre du camp. L'axe est-ouest, bordé de colonnes, donne accès à une église, probablement précédée par le bloc des *principia*. Les blocs de baraques, assez classiques, se répartissent dans l'espace intermédiaire et contre la muraille.

Cette période charnière voit aussi l'émergence d'une série de fortifications dans les oasis du désert libyque, peu ou pas défendues jusque-là, sauf celle de Bahariya depuis l'époque sévérienne. La seule bien datée est celle de Qaret el-Toub, dans cette même oasis. Son inscription très fragmentaire semble appartenir à une série de trois dédicaces portant apparemment le même texte et datables de 288, donc antérieures à la révolte de L. Domitius Domitianus.

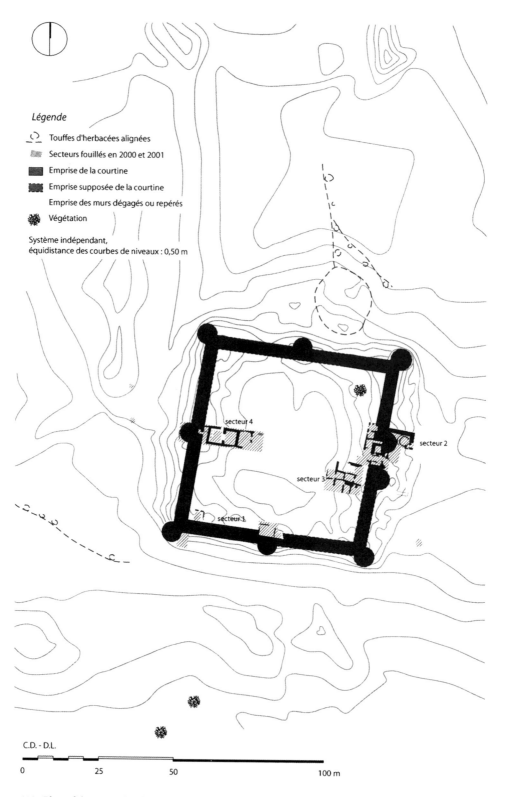

Légende

◯ Touffes d'herbacées alignées

▨ Secteurs fouillés en 2000 et 2001

■ Emprise de la courtine

▧ Emprise supposée de la courtine

Emprise des murs dégagés ou repérés

✿ Végétation

Système indépendant,
équidistance des courbes de niveaux : 0,50 m

secteur 4

secteur 2

secteur 3

secteur 1

C.D. - D.L.

0   25   50   100 m

140. Plan of the tetrarchic fort at Qaret el-Toub in the Barariya oasis

Plan du camp tétrarchique de Qaret el-Toub, dans l'oasis de Bahariya (d'après F. Colin)

projecting corner towers. The buildings inside have only been partially excavated, but the three inscriptions probably attest to the same military construction programme from the early years of Diocletian's reign.

A very similar layout is found, with much the same dimensions, in the more southerly oasis of Khargeh, at Ed Deir, but the construction has not been formally dated as yet. At El Qasr (Dakhleh) excavation has begun on what may be a similar fort. It can also be observed that, right at the south of Khargeh, the old storehouses of the temple of Douch served as an administrative centre for the entire southern sector and housed troops in the course of the fourth century.

Elles ont été trouvées dans trois endroits très éloignés : la première à Tell Abu Seifi, juste au sud de Tell el-Herr, la seconde dans la moyenne vallée, à Deir el-Gabrawi, près de Manfalout, la troisième donc à Bahariya. De forme carrée (environ 64 m de côté), le fort est construit en briques crues et flanqué, aux angles, au milieu des courtines et de part et d'autre de la porte, d'une tour d'angle ronde saillante. Les bâtiments internes n'ont été que partiellement fouillés. Mais ces trois inscriptions attestent probablement d'un même programme de construction militaire, dès les premières années du règne de Dioclétien.

On retrouve un plan très proche, avec des dimensions voisines, dans l'oasis plus méridionale de Khargeh, à Ed Deir, mais la construction n'est pas intrinsèquement datée pour l'instant. À El Qasr, (Dakhleh) un fort peut-être similaire a commencé à être dégagé. On observe aussi, tout au sud de Khargeh, que les anciens magasins du temple de Douch ont servi de centre administratif pour tout ce secteur méridional et hébergé des soldats dans le courant du 4e siècle.

141. The fortress at el-Gib in the Khargeh oasis
La forteresse de el-Gib, dans l'oasis de Khargeh

142. The fortress of ed-Deir in the Khargeh oasis
La forteresse de ed-Deir, dans l'oasis de Khargeh

143. The fort at Ain Labakha in the Khargeh oasis. The late curtain wall encloses an earlier tower

Le fort de Ain Labakha, dans l'oasis de Khargeh. La courtine tardive enserre une tour précédente

144. The warehouses in the temple at Douch in the Khargeh oasis housed a Roman garrison

Les magasins du temple de Douch, dans l'oasis de Khargeh, ont abrité une garnison romaine

145. The Roman tower at Ain Elwan to the north of Khargeh; its date is uncertain

Tour romaine d'Ain Elwan, au nord de Khargeh, époque indéterminée

146. The fortress of Babylon, at Old Cairo, in the atlas of the Egyptian expedition of Bonaparte

La forteresse de Babylone, au Vieux-Caire, dans l'atlas de l'expédition d'Égypte de Bonaparte

Two examples will hold our attention. The first is the fortress of Babylon, in Old Cairo, the plan of which is pentagonal, with kinks in the line of the curtain walls. The southern gate is thought to be tetrarchic. The curtain wall is flanked by U-shaped towers, except for two stout round internal towers on the western side, whose shape and mode of construction seem to be plainly of a later date. The very size of this fortress seems to make it more of a city wall. The same can be said of the fortress of Pelusium at the eastern tip of the delta.

Deux exemples retiendront encore notre attention. Le premier est celui de la forteresse de Babylone, au Vieux-Caire, dont le plan est pentagonal, avec des décrochements dans le tracé de la courtine. La porte méridionale est considérée comme tétrarchique. La courtine est flanquée de tours en U, sauf deux grosses tours rondes internes du côté occidental, dont la forme et le mode de construction paraissent sensiblement plus tardifs. La taille même de cette forteresse en fait plutôt une enceinte urbaine. Il en va de même de celle de Péluse, à l'extrémité orientale du delta.

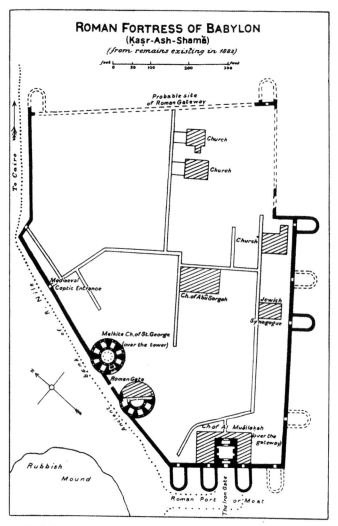

ROMAN FORTRESS OF BABYLON
(Kaṣr-Ash-Shamă)
(from remains existing in 1882)

Probable site of Roman Gateway

To Cairo

Church
Church
Church

Mediaeval Coptic Entrance

Ch. of Abu Sargah

Jewish Synagogue

Malkite Ch. of St. George (over the tower)

Roman Gate

Ch. of Al Muâllakah (over the gateway)

Rubbish Mound

Roman Port

The Iron Gate or Moat

147. The plan of the fortress of Babylon

Plan de la forteresse de Babylone

148. The western tower of the fortress of Babylon

Tour occidentale de la forteresse de Babylone

149. The southern gate of the fortress of Babylon

Porte méridionale de la forteresse de Babylone

150. The fortress at Pelusium
La forteresse de Péluse

The army of Egypt and its frontier

The Roman frontier of Egypt stands as a peculiar case in the Empire and at something of a remove from what could be observed in its other provinces. The army's tasks were more those of a militarized police force maintaining law and order internally than of a fighting force with large units ranged against a powerful outside enemy of which there was none. In the narrow sense, the frontier was located to the south and the threats to it were comparatively limited. The size and exceptional interest of records that are not to be found on the other frontiers – papyri and ostraca – cast a specific light on the everyday life of troops. However, it must obviously always be asked how far the situation of the army of Egypt can be transposed elsewhere or whether it amounts to little more than just a local idiosyncrasy.

L'armée d'Égypte et sa frontière

La frontière romaine d'Égypte constitue un cas particulier au sein de l'Empire, assez éloigné de ce qu'on observe dans les autres provinces. Les tâches de l'armée ont plus souvent été celles d'une police militarisée, vouée au maintien de l'ordre intérieur, que d'une force combattant en grandes unités constituées face à un ennemi extérieur puissant qui n'existait pas. Au sens strict, la frontière se situait au sud et les menaces y étaient relativement limitées. L'importance et l'intérêt exceptionnel d'une documentation qu'on ne trouve pas sur les autres frontières — papyrus et ostraca — jette une lueur particulière sur la vie quotidienne des soldats mais on doit toujours se demander, évidemment, dans quelle mesure cette réalité de l'armée d'Égypte est transposable ailleurs ou relève du particularisme local.

General books on frontiers/ouvrages généraux sur les frontières

Austin, N. J. E. and Rankov, B., *Exploratio: Military and political intelligence in the Roman world*, London 1995
Bishop, M. C. *Handbook to Roman Legionary Fortresses*, Barnsley 2012
Breeze, D. and Jilek, S. (eds), *Frontiers of the Roman Empire. The European Dimension of a World Heritage Site*, Edinburgh 2008
Breeze, D. J., *The Frontiers of Imperial Rome*, revised edition, London 2019
Drummond, S. K. and Nelson, L. H., *The Western Frontiers of Imperial Rome*, New York 1994
Dyson, S., *The Creation of the Roman Frontier*, Princeton 1985
Elton, H., *Frontiers of the Roman Empire*, London 1996
Ferrill, A., *Roman Imperial Grand Strategy*, New York 1991
Graichen, G. (ed.), *Limes, Roms Grenzwall gegen die Barbaren*, Frankfurt am Main 2009
Green, D. and Perlman, S. (eds), *The Archaeology of Frontiers and Boundaries*, London 1985
Hanson, W. S., *The Army and Frontiers of Rome*, Portsmouth, RI 2009
Isaac, B., *The Limits of Empire. The Roman Army in the East*, Oxford 1992
Klee, M., *Grenzen des Imperiums. Leben am römischen Limes*, Mainz 2006
Klose, G., and Nünnerich-Asmus, A.*Grenzen des römischen Imperiums*, Mainz 2006
Luttwak, E. N., *The Grand Strategy of the Roman Empire From the First Century CE to the Third*, revised edition, Baltimore 2016
Mattern, S. P., *Rome and the Enemy: Imperial strategy in the Principate*, Berkley/Los Angeles/London 1999
Millar, F., *The Roman Empire and its Neighbours*, London/New York 1967
Parker, P., *The Empire stops here*, London 2009
Reddé, M., *Les frontières de l'Empire romain (1er siècle J.-C. – 5e siècle après J.C.)*, Lacapelle-Marival 2014
Schallmayer, E., *Der Limes - Geschichte einer Grenze*, München 2007
Whittaker, C. R., *Frontiers of the Roman Empire: a Social and Economical Study*, Baltimore/New York 1994
Whittaker, C. R. *Rome and its Frontiers. The Dynamics of Empire*, London 2004
Woolliscroft, D. J., *Roman Military Signalling*, London 2003

Individual frontiers/frontières individuelles

Baatz, D., *Der römische Limes*, Berlin 2000
Baird, J. A. *Dura-Europos*, London 2018
Baradez, J., *Vue-aerienne de l'organisation Romaine dans le Sud-Algerien, Fossatum Africae*, Paris 1949
Barker, G. and Mattingly, D. (eds), *Farming the Desert. The Unesco Libyan Valleys Archaeological Survey* I-II, London 1996
Bechert, T. and Willem, W.J.H. (eds), *Die römische Reichsgrenze von der Mosel bis zur Nordseeküste*, Stuttgart 1995
Bogaers, J. E. and Rüger, C. B., *Der Niedergermanische Limes*, Köln 1974
Bogdan Cătăniciu, I. O. M., *Evolution of the System of the Defence Works in Roman Dacia*, BAR IS 116, Oxford 1981
Bogdan Cătăniciu, I. O. M., *Wallachia in the Defensive System of the Roman Empire, 1st-3th centuries A.D.*, Alexandria 1997
Breeze, D. J., *The Antonine Wall*, Edinburgh 2006
Breeze, D. J., *J. Collingwood Bruce's Handbook to the Roman Wall*, 14th edition, Newcastle upon Tyne 2006
Breeze, D. J. and Dobson, B., *Hadrian's Wall*, 4th edition, London 2000
Breeze, D. J. and Hanson, W. S., *The Antonine Wall. Papers in Honour of Professor Lawrence Keppie*, Oxford 2020
Bülow, G. v. and Milćeva, A. (eds) *Der Limes an der unteren Donau von Diokletian bis Heraklios*, Sofia 1999
Euzennat, M., *Le Limes de Tingitane, La Frontière Méridionale*, Études d'Antiquités Africaines, Paris 1989
Fentress, E. W. B., *Numidia and the Roman Army. Social, Military and Economic Aspects of the Frontier Zone*. BAR IS 53, Oxford 1979
Freeman, P. and Kennedy. D., (eds), *The Defence of the Roman and Byzantine East*, BAR IS 297, Oxford 1986
French, D. H. and Lightfoot, C. S. (eds), *The Eastern Frontier of the Roman Empire*, BAR IS 553, Oxford 1989
Gassner, V., Jilek, S. and Stuppner, A., *Der römische Limes in Österreich*, Wien 1997
Goodchild, R. T., *Libyan Studies*, London 1976
Gudea, N., *Römer und Barbaren an den Grenzen des römischen Daciens*, Zalau 1997
Hanson, W. S. and Maxwell, G. S., *Rome's North-West Frontier, The Antonine Wall*, Edinburgh 1986
Ivanov, R., *Das römische Verteidigungssystem an der unteren Donau zwischen Dorticum und Durostorum (Bulgarien) von Augustus bis Maurikios*, in: Ber. RGK 78, 1997, 467–640
Kandler, M. and Vetters, H., *Der römische Limes in Österreich. Ein Führer*, Vienna1986
Kennedy, D., *The Roman Army in Jordan*, London 2000
Kennedy, D. and Riley, D., *Rome's Desert Frontier from the Air*, London 1990
Kennedy, D. L. (ed.), *The Roman Army in the East*, Ann Arbor 1996
Lesquier, J., *L'Armée romaine d'Égypte d'Auguste à Dioclétien*, Cairo 1918
Matešić, S. and Sommer, C. S. (eds), *At the Edge of the Roman Empire. A Tour along the Limes in Southern Germany*, Deutsche Limeskommission 2015

Mattingly, D. J., *Roman Tripolitania*, London 1995

Maxfield, V. A. (ed.), *The Saxon Shore, A Handbook*, Exeter 1989

Mirković, M., *Römer an der mittleren Donau. Römische Strassen und Festungen von Singidunum bis Aquae,* Belgrad 2003

Parker, S. T., *Rome and Saracens, A History of the Arabian Frontier*, Philadelphia 1986

Parker, S. T., *The Roman frontier in central Jordan: final report on the Limes Arabicus Project*, 1980-1989, Washington 2006

Petrović, P. (ed.), *Roman Limes on the Middle and Lower Danube*, Beograd 1996

Pinterović, D., *Limesstudien in der Baranja und in Slawonien*, Arch. Iugoslavica 9, Beograd 1968, 5–83

Poidebard, A., *Le Trace de Rome dans le Désert de Syrie*, Paris 1934

Reuter, M. and Thiel, A., *Der Limes. Auf den Spuren der Römer*, Stuttgart 2015

Trousset, P., *Recherches sur le Limes Tripolitanus*, Paris 1974

Symonds, M. F. A. *Protecting the Empire: Fortlets, Frontiers and the Quest for Post-Conquest Security*, Cambridge 2018

Vagalinski, L. (ed.), *The Lower Danube in Antiquity (VI C BC - VI C AD)*, Sofia 2007

Visy, Zs., *Ripa Pannonica in Hungary,* Budapest 2003

Visy, Zs., *The Roman Army in Pannonia*, Pécs 2003

Zahariade, M., *The Fortifications of Lower Moesia (A. D. 86–275)*, Amsterdam 1997

Zahariade, M., *Scythia Minor, A History of a Later Roman Province (284-681)*, Amsterdam 2007

Select bibliography for Egypt/Bibliographie succincte sur l'armée romaine en Égypte

Alston, R., *Soldier and Society in Roman Egypt. A social history*, London/New York 1995

Bagnall, R., Bülow-Jacobsen, A. and Cuvigny, H., 'Security and water on the Eastern Desert roads: the prefect Iulius Ursus and the construction of praesidia under Vespasian', *Journal of Roman Archaeology* 14 (2001) 325-33

Bernand, A., *Pan du désert*, Leyde 1977

Bernand, A., *Les Portes du désert,* Paris 1984

Kennedy, D., 'The Composition of a military work party in Roman Egypt (*ILS* 2483: Coptos)', *Journal of Egyptian Archaeology* 72 (1986) 156-60

Bowman, A. K., 'The military occupation of Upper Egypt in the Reign of Diocletian', *Bulletin of the American Society of Papyrologists* 15 (1978) 25-38

Brun, J.-P., Faucher, T., Redon, B. and Sidebotham, S. (eds), *Le désert oriental d'Égypte durant la période gréco-romaine: bilans archéologiques*, Collège de France, Paris 2018 (DOI: 10.4000/books.cdf.5163)

Brun, J.-P., Botte, E., Cuvigny, H., Leguilloux, M. and Reddé, M., *Domitianè-Kainè Latomia (Umm Balad). Le praesidium et les carrières*, Fouilles de l'Institut Français d'Archéologie Orientale, Cairo forthcoming

Colin, F. (ed.), *Bahariya I. Le fort romain de Qaret el-Toub I*, Fouilles de l'Institut Français d'Archéologie Orientale 62, Cairo 2012

Cuvigny, H. (ed.), Brun, J.-P., Bülow-Jacobsen, A., Cardon, D., Fournet, J.L., Leguilloux, M., Matelly, M.-A. and Reddé, M., *La Route de Myos Hormos. L'armée romaine dans le désert Oriental d'Égypte*, Fouilles de l'Institut français d'archéologie orientale 48, Cairo 2003

Cuvigny, H., *Ostraka de Krokodilô. La correspondance militaire et sa circulation. O.Krok. 1-151*, Fouilles de l'Institut Français d'Archéologie Orientale 51, Cairo 2005

Cuvigny, H. (ed.), *Didymoi. Une garnison romaine dans le désert Oriental d'Égypte. Vol. 1. Les fouilles et le matériel*, Fouilles de l'Institut Français d'Archéologie Orientale 67/1, Cairo 2011

Cuvigny, H., *Didymoi. Une garnison romaine dans le désert Oriental d'Égypte.* Fouilles de l'Institut Français d'Archéologie Orientale 67/2. *Les textes*, Cairo 2012

Cuvigny, H., *Rome in Egypt's Eastern Desert*, New York 2021

De Romanis, F., *Cassia, Cinnamomo, Ossidiana. Uomini e merci tra oceano indiano e mediterraneo,* Rome 1996

Franke, R., 'The headquarters building in the tetrarchic fort at Nag' al-Hagar (Upper Egypt)', *Journal of Roman Archaeology* 26 (2013) 457-63

Mackensen, M., 'The tetrarchic fort at Nag' al-Hagar in the province of Thebaïs: preliminary report (2005-2008)', *Journal of Roman Archaeology*, 22 (2009) 287-311

Maxfield, V. A., 'The Deployment of the Roman Auxilia in Upper Egypt and the Eastern Desert during the Principate', in Alföldy, G., Dobson, B. and Eck, W. (eds) *Kaiser, Heer und Gesellschaft in der römischen Kaiserzeit*, Stuttgart 2000, 407-42

Maxfield, V. A. and Peacock, D. P. S., *The Roman Imperial Quarries. Survey and Excavation at Mons Porphyrites 1994-1998. Vol. I. Topography and Quarries*, Egypt Exploration Society, London 2001

Maxfield, V. A. and Peacock, D. P. S., *Mons Claudianus 1987-1993. Survey and Excavations. Vol. II. Excavations Part 1,* Fouilles de l'Institut Français d'Archéologie Orientale 67/1Institut Français d'Archéologie Orientale 43, Cairo 2001

Meredith, D., *Tabula Imperii Romani. Coptos. Map of the Roman Empire based on the international 1/1,000,000 map of the world. Sheet N.G. 36*, Oxford 1958

Peacock, D. P. S. and Blue, L., *Myos Hormos – Quseir al-Qadim: Roman and Islamic Ports on the Red Sea, vol. 1: Survey and excavations 1999-2003,* Oxford 2006

Peacock, D. P. S. and Maxfield, V. A., (eds), *Survey and Excavation Mons Claudianus. 1987-1993, vol. 1: Topography & Quarries*, Fouilles de l'Institut Français d'Archéologie Orientale 37, Cairo 1997

Peacock, D. P. S. and Maxfield, V. A., *The Roman Imperial Quarries. Survey and Excavation at Mons Porphyrites 1994-1998. II. Excavations*, London 2001

Reddé, M., 'À l'ouest du Nil : une frontière sans soldats, des soldats sans frontière', *Roman Frontier Studies 1989*, Exeter 1991, 485-93

Reddé, M., 'Sites militaires romains de l'oasis de Khargeh', *Bulletin de l'Institut Français d'Archéologie Orientale* 99 (1999) 377-96.

Reddé, M., 'Trois *aedes* militaires dans le désert oriental d'Égypte', *Journal of Roman Archaeology* 17 (2004) 442-62

Reddé, M., 'Trois petits balnéaires du désert oriental d'Égypte', in Boussac, M.-Fr., Fournet, T. and Redon, B. (eds), *Le bain collectif en Égypte*. Βαλανεῖα. *Thermae*. Études urbaines 7, Cairo 2009, 213-20

Reddé, M., 'L'*aedes* du *praesidium* de Xèron Pelagos (Égypte)', *Proceedings of the 22nd International Congress of Roman Frontier Studies, Ruse, Bulgaria, September 2012*, Sofia 2015, 655-60

Reddé, M., 'Du Rhin au Nil. Quelques remarques sur le culte de Sarapis dans l'armée romaine', *Le myrte et la rose. Mélange offerts à Françoise Dunand par ses élèves, collègues et amis*, réunis par G. Tallet et Chr. Zivie-Coche, CENiM 9, Montpellier 2014, 69-77

Reddé, M., 'Retour sur les castra Dionysiados', in Freu, C., Janniard, S. and Ripoll, A. (eds), *Libera Curiositas. Mélanges d'histoire romaine et d'Antiquité tardive offerts à Jean-Michel Carrié*, Turnhout 2016, 23-32

Reddé, M., 'The Layout of a Military Shrine in Egypt's Eastern Desert', in Tomas, A. (ed.), *Ad fines Imperii Romani. Studia Thaddaeo Sarnowski septuagenario ab amicis, collegis discipulisque dedicata*, Varsovie 2015, 39-46

Reddé, M., 'Fortins routiers du désert oriental d'Égypte', in Brun, J.-P., Faucher, T., Redon, B. and Sidebotham, S. (éds), *Le désert oriental d'Égypte durant la période gréco-romain: bilans archéologiques*, Collège de France, Paris 2018 (DOI : 10.4000/books.cdf.5163)

El-Saghir, M., Golvin, J.-C., Redde, M., el-Sayed, H. and Wagner, G., *Le camp romain de Louqsor*, MIFAO LXXXXIII, Le Caire 1986

Sidebotham, S. E., 'Preliminary Report on the 1990-1991 seasons of fieldwork at Abu Sha'ar (Red Sea Coast)', *Journal of the American Research Center in Egypt* 31 (1994) 133-58

Sidebotham, S. E., Zitterkopf, R. E. and Helms, C. C., 'Survey of the Via Hadriana: the 1998 season', Journal of the American Research Center in Egypt 37 (2000) 115-26

Sidebotham, S. E. and Gates-Foster, J. E. (eds), *The archaeological survey of the desert roads between Berenike and the Nile valley. Expeditions by the University of Michigan and the University of Delaware to the Eastern Desert of Egypt, 1987-2015*, American Schools of Oriental Research Reports 26, 2019

Speidel, M. P., 'Augustus' Deployment on the Legions in Egypt', *Roman Army Studies I*, MAVORS VIII, Amsterdam 1984

Speidel, M. P., 'Nubia's Roman garrison', *Roman Army Studies II*, MAVORS X, Stuttgart 1988, 240-74

Valbelle, D. and Carrez-Maratray, J.-Y., *Le camp romain du Bas-Empire à Tell el-Herr*, Paris, 2000

The Desert Networks project website: https://desertnetworks.huma-num.fr/

Institut français d'archéologie orientale website: https://www.ifao.egnet.net/archeologie/

Illustration acknowledgements/Crédits des illustrations

1 FRE project; 2, 51, 89, 92–94, 114–115, 118 Adam Bülow-Jacobsen; 3 Granada Media Group, London/UK; 4 Richard Avent, Raglan/UK; 52, 135 Michael Mackensen, München/D; 6, 28, 30, 32–34, 38, 39 David J. Breeze, Edinburgh/UK; 8 David Graf, Miami/USA; 9 Peter J. Brown Nijmegen/NL; 10, 60 Aquincum Museum, Budapest/H; 11 Tyne and Wear Archives and Museums, Newcastle/UK; 12, 13 Steven Sidebotham, Newark/USA; 14, 40 S. Boedecker, J. Kunow, H.J. Lauffer/LVR-Amt für Bodendenkmalpflege im Rheinland/D; 15 Andreas Schmidt-Colinet, Wien/A; 16 Museum Udine, Udine/I; 17 National Museum of Denmark, Kopenhagen/DK;18, 25 Jan Rajtár, Nitra/SK; 19, 46 Avril Sinclair, Aylesbury/UK; 20 Andreas Thiel, Esslingen/D; 21 Rijksmuseum Leiden, Leiden/NL; 22, 26 Hunterian, Glasgow University, Glasgow/UK; 23, 49 Sonja Jilek, Wien/A; 27 Paul Tontur, Wien/A; 29 Erik Graafstal, Utrecht/NL; 31 Christof Flügel, Munich/D; 35 Saalburg Museum, Bad Homburg/D; 36 Lawrence Keppie, Glasgow/UK; 37 Archäologisches Institut Belgrad/SR; 41 Mark Driessen, Leiden University/NL; 42 George Gerstein; 43 Historic Scotland, Edinburgh/UK; 44 Museum Augst/CH; 45 Museum Intercisa, Dunaujvaros/H; 47 Janusz Recław, Warszawa/PL; 50 Vindolanda Trust/UK; 53 Zsolt Visy, Pécs/H; 54 Simon James, Leicester University/U; 55, 63 English Heritage/UK; 56 RGK des DAI, Frankfurt/D; 57 Stadtarchäologie Wien, Wien/A; 58 A. Poidebard; 59 TimeScape, Newcastle upon Tyne/UK; 61 Igor Vukmanić, Osijek/HR; 62 Stuart Laidlaw and Portable Antiquities Scheme/UK; 64–71, 72 Louis Manière, ERC Desert Networks, 2020; 73, 76 Valerie Maxfield and David Peacock, Mons Claudianus Project/Egypt; 74–75, 77–82, 85–86, 91, 95, 101, 103–112, 119–120, 126–127, 129–130, 132–133, 137–139, 141–143, 145, 147–149 Michel Reddé, Paris/F; 84, 87–88, 90, 116–117, 121–125, 128 Jean-Pierre Brun, Paris/F; 83, 96–98, Jean-Pierre Brun and Michel Reddé, Paris/F; 99–100, 102 Nelly Martin/IFAO; 131 Jean-Claude Golvin; 144, 150 Jean-François Gout/IFAO.